恬淡無為、擺脫枷鎖、享受自由，
二十四堂生活哲學課讓你不當金錢奴隸，學會淡泊名利！

懂人生

U0087361

哪有這麼複雜

學會放手要比學會緊握更難得，因為那需要更多的勇氣

其實，放手不代表對生活的失職，它也是人生中的契機

獨守「兄弟義氣」，這是真實社會並不是江湖！
緊握「金錢權力」，哪怕眾叛親離也在所不惜？
誤入「愛情墳墓」，那就用心經營並享受圍城！
尋求「自我價值」，就算失去健康也絕不放棄？

安旻廷，李雪 著

目 錄

第 01 堂課
細節 —— 別在陰溝裡翻了船

第 02 堂課
養心 —— 人不能選擇命運，但可以選擇心態

第 03 堂課
人脈 —— 從關照他人中得到自己的幸福

第 04 堂課
愛情 —— 給愛一個空間，給自己一個轉身的機會

第 05 堂課
婚姻 —— 不是墳墓而是新的開始

第 06 堂課
財富 —— 要做金錢的主人，不做金錢的奴隸

第 07 堂課
挫折 —— 人生最大的金礦是苦難

第 08 堂課
友誼 —— 人無法自己活

第 09 堂課
相時 —— 不拘於時，隨機應變

第 10 堂課
對局 —— 人生如棋，棋如人生

第 11 堂課
道德 —— 德不孤，必有鄰

第 12 堂課
無為 ── 水善利萬物而不爭

第 13 堂課
命運 ── 這輩子只能這樣活嗎

第 14 堂課
健康 ── 生命的價值高於物質

第 15 堂課
寬容 ── 虛懷若谷，有容乃大

第 16 堂課
成功 —— 隨時校正自己前進的方向

第 17 堂課
自由 —— 不被淹沒的力量

第 18 堂課
修養 —— 做一個有靈魂的人

第 19 堂課
放棄 —— 輕鬆漫步在艱難世間路

第 20 堂課
溝通 ── 不是說服別人，就是被別人說服

第 21 堂課
自信 ── 信心多一分，成功進一步

第 22 堂課
吃虧 ── 慈忍謙讓現輝煌

第 23 堂課
熱忱 ── 用 100%的熱情做 1%的事情

第 24 堂課
幸福 —— 你幸福了嗎

名言佳句

CONTENTS

第 01 堂課
細節 —— 別在陰溝裡翻了船

‖ 細節決定成敗 ‖

　　古人云「千里之堤，潰於蟻穴」，就是強調即使是偉大的事業也不要忽視微小的細節。然而，環顧我們周圍，大而化之、馬馬虎虎的毛病隨處可見，「差不多」先生比比皆是，好像、幾乎、似乎、將近、大約、大體、大致、大概、應該、可能，等等成了「差不多」先生的常用詞。就在這些詞彙一再使用的同時，許多重大決策都停留在了紙上。許多重點工作都落實在了表面上，許多宏偉的經營目標都成了海市蜃樓。有的時候，一個人的成敗往往也在一個小細節上。

　　俗話說：「一滴水可以折射太陽的光輝。」有時候，一些非常小的細節，比如待人接物時的舉手投足、言談舉止等，都能給人留下深刻的印象。一個人若平時不注意細節就會因小失大，最終與成功失之交臂。細節，微小而細緻，但它的影響卻是人所共知的。生活中，想辦大事的人很多，但願意把小事做細的人很少，而正是那些把細節做好的人成就了大事。

　　世界上第一位進入太空的尤里‧加加林（Yuri Gagarin），他為什麼能在 20 位備選太空人中脫穎而出？原來，在確定最終人選的前一個星期，蘇聯太空船的主設計師柯羅廖夫（Sergei Korolev）發現在進入飛船前，只有加加林一個人脫下鞋子，只穿襪子進入座艙。就是這個細小的舉動贏得了設計師的好印象，他覺得這個 27 歲的年輕人很有修養，懂得珍惜他人的努力，於是決定讓加加林執行人類首次太空飛行的神聖使命。加加林就是因為這麼一個不經意的細節，表現出了他的修養和素養，使他成為第一個遨遊太空的人。

　　其實，在很多時候，別人對你的印象都取決於細節，當你注意自己的細節、注意別人的細節，你就會發現一些機會，或者得到一個機會，因

為，細節本身就蘊藏著機會。

當很多人都關心著大事、大成功時，細節總是會被忽視。然而，正是這些小小的細節最能反映一個人的真實狀態，也最能展現一個人的修養，而這種修養，往往最容易留給對方好印象。

∥ 做大事請先從小事做起 ∥

在常人看來，大人物總是和「大事情」連繫在一起，小人物總是和「小事情」連繫在一起。有的人一輩子也不會做成一件大事情，但是，無論大人物還是小人物，都會和一件又一件的小事情發生關係。因此說，小事情是人一生中最基本的內容，聚焦小事，才能昇華你的人生。

人與人之間的差別，往往就在於一些細小的事情上，並且正是因為這些細小的事情，決定了不同的人具有不同的命運。在你看來也許是微不足道的小事情，對於有心的人來說，就是難得的機遇，也就是說，即使是機遇，也不是什麼人都能看得見、抓得著的，這就需要平時累積的一種高素養。

歷史上有一個著名的典故：

東漢的陳蕃出身世家，自幼喜好讀書，志向高遠。陳蕃十餘歲時，陳家逐漸衰落，不再威顯鄉里，但陳蕃仍然躊躇滿志，日夜苦讀。後來為排除干擾，他乾脆獨自搬進一處僻靜的庭院，潛心詩書。

正所謂「人無完人」，陳蕃的缺點就是生活上比較懶散，連自己的書房都懶得收拾打掃，更別提打掃庭院了。時間一長，院子裡雜草叢生，穢物滿地。有一天，陳蕃正在讀書，他的父親帶朋友薛勤前來看他。看到屋裡屋外狼藉不堪，薛勤皺著眉頭問陳蕃：「你怎麼不打掃打掃呢？」陳蕃回答得擲地有聲：「大丈夫處世，應該掃除天下，豈能只掃一室？」薛

13

勤聽了不禁一愣，暗嘆陳蕃年小志大，於是勸導他說：「你連一室都不肯掃，又怎麼能掃天下？」陳蕃張口結舌，大受啟發，此後處處嚴格要求自己，最終成為國家棟梁，以忠孝剛勇、不畏權貴留名青史。

與故事中的陳蕃一樣，生活中很多人都是從很小就頗有一番雄心壯志的。幾乎所有的小朋友都有一個「掃除天下」的志向：我長大要做企業家、做大官、做科學家……誰要是像電影《長江七號》中的主角那樣，長大想做個工人，肯定會被人笑掉大牙。然而事實卻是，無論志向高低，大多數人最終都將流於平庸。

那麼問題出在哪裡？答案就是：大多數人缺乏腳踏實地的精神。

生活中，往往越是窮得一塌糊塗的人，越是看不起小錢，不屑做小事，他們做夢都在想著怎麼賺大錢、做大事、成大器。勉強去做也是迫於無奈，一邊做，還要一邊滿腹牢騷，詛咒社會。殊不知萬丈高樓平地起，大事需要一步一步地去做，大錢也都是由小錢累積而成的。沒有無數個小錢的積少成多，就算機會出現在你面前，你這個沒有絲毫準備的人又能如何？沒有做小事的鍛鍊和累積，就算有人出錢要你去做大事，你也未必做得來，更不要說做得好。

1970 年代初，美國麥當勞公司打算開拓臺灣市場。正式進軍臺灣之前，他們需要在當地訓練一批高級幹部，於是進行了公開的招考甄選。由於標準頗高，很多人都未能通過。

經過一再篩選，一位名叫韓定國的年輕人脫穎而出。最後一輪面試前，麥當勞的招聘負責人和韓定國夫婦談了三次，並且問了他一個讓人意想不到的問題：「假如我們要你先去洗廁所，你願意嗎？」還沒等韓定國開口，一旁的韓太太便答道：「我們家的廁所一直都是他洗的。」

負責人十分高興，當即免去了最後的面試，直接錄用了韓定國。

　　韓定國的成功說明了這樣一個道理：立大志與做大事完全是兩碼事，大事與小事也不是截然分開的。許多大事成功的契機，都在看似不起眼的小事裡。只有把小事做好的人，才有可能成就大事。當我們以嚴肅認真的態度，把一件件小事做好了，大事也就順理成章地成功了。反之，就會如耶穌在《聖經》（*Bible*）中所說：如果你不肯為小事付出，那麼你將會為更小的事而付出更多。

　　何謂小事？何謂大事？有位老闆曾經說過：「客戶的事，再小也是大事；自己的事，再大也是小事。」事情本無大小之分，事情需要辯證地去看待，但有很多人總是認為自己生來就是做「大事」的，因此對身邊的「小事」不屑一顧。但實際上，這些人往往連「小事」都未必做得好。有人說過，「能把簡單的事情天天做好，就是不簡單」，事業要的是一天一天的務實，半點粗心不得。沉下心來，堅持把身邊的每一件「小事」都掃得乾淨，你終有掃除天下的那一天。

大處著眼，小處著手

　　認真觀察我們會發現，那些成功者及偉人都是注意細節的人。注意細節，方可成就大事。任何不屑處理小事之人，在大事面前必然會表現得方寸大亂。以往的經驗告訴我們，成功者都是大處著眼，小處著手。正是那些不起眼的一點一滴讓成功之花悄然綻放。

　　任何人都不可否認的一個事實就是：最偉大的事物往往是由點點滴滴彙集而成的。生活往往是由無數瑣碎的事情、無足輕重的事件以及過後所留下一絲痕跡的細微經驗漸漸彙集成的，也正是它們才構成了生命的全部內涵。

　　那些看似微不足道的事情，其中都蘊藏著巨大的價值，而天才與凡人的最大區別往往展現在如何處理這些微不足道的小事上。

　　明朝萬曆年間，北方的女真族為患。皇帝為了抵禦強敵，一心整修萬里長城。當時號稱天下第一關的山海關因年久失修，其中「天下第一關」的題詞中的「一」字已經脫落多時。萬曆皇帝募集各地書法名家，希望恢復山海關的本來面貌。各地名士聞訊，紛紛上前揮墨，但是沒有一個人的字能夠表達出天下第一關的原味。皇帝於是再次下詔，只要能夠中選的，就能夠獲得重賞。經過層層的篩選，最後選中的，竟是山海關旁一家客棧的店小二，真是讓人跌破眼鏡。

　　在題字當天，會場被擠得水泄不通，官家也早就備妥了筆墨紙硯，等候店小二前來揮毫。只見店小二抬頭看著山海關的牌樓，捨棄狼毫大筆不用，拿起一塊抹布往硯臺裡一蘸，大喝一聲：「一！」乾淨俐落，立刻出現絕妙的「一」字。旁觀者莫不給予驚嘆的掌聲。有人好奇地問他：為何能夠如此嫻熟。他被問之後，久久無法回答。後來勉強答道：「其實，我想不出有什麼祕訣，我只是在這裡當了 30 多年的店小二，每當我在擦桌子時，我就望著牌樓上的『一』字，一揮一擦，就這樣而已。」

　　原來這位店小二，他的工作地點正好面對山海關的城門，每當他彎下腰，拿起抹布清理桌上的油汙之際，剛好這個視角正對準「天下第一關」的「一」字。因此，他不由自主地天天看、天天擦，數十年如一日，久而久之，就熟能生巧、巧而精通，這就是他能夠把這個「一」字臨摹到爐火純青、唯妙唯肖的原因。

　　老子說：「治大國若烹小鮮。」老子將治理國家比作烹調小魚一樣，只有將調味料放得適中、文火烹煮、不著急、不躁動，這樣煮出的東西，才色鮮味美；如火候不對、調味料不對、內心煩躁、下鍋後急於翻動，最

後煮出的東西就會「一團糟」，色、香、味就更談不上了。可見，細微之處方見真功夫，是很有道理的。

宋代的米芾是個大畫家，專愛收集古畫，甚至到了不擇手段的地步。他在汴梁城閒逛時，只要發現有人在賣古畫，總會立即上前細細觀賞，有時還會要求賣畫者把畫讓他帶回去看看。賣畫者認得他是當朝名臣，也就放心地把畫交給他，他便連夜複製一幅假畫，第二天將假畫還去而將真畫留下。由於他極善臨摹，那假畫的確足以亂真，故此得到不少名人真跡。

一日，當他又用此法將一幅足以以假亂真的畫還回去時，畫主人卻說了一句：「大人且莫玩笑，請將真畫還我！」米芾大驚，問道：「此言何意？」那人回答：「我的畫上有個小牧童，在小牧童的眼裡有個牛的影子，您的畫上沒有。」米芾聽罷，這才叫苦不迭。

上述這個極易被人忽略的小牧童眼裡的牛的影子，就是細節，而一向「穩操勝券」的米芾，也正是「栽」在眼中的牛這個小小的細節上，賣畫者憑他對細節的關心避免了損失。

一位朋友的兒子很喜歡彈鋼琴，如今他兒子已經成為了一個極有發展潛力的鋼琴手。不過，開始時並不是這樣。起初，他兒子並不情願彈鋼琴，每次練琴都是由他把兒子按到鋼琴旁邊。第一次上鋼琴課時，他兒子僅僅學會了兩個鍵，這真令朋友和他妻子黯然神傷。要知道，他們可是花了高價購買了鋼琴，又專為他兒子聘請了鋼琴老師。

隨著時間一天天過去，朋友兒子的演奏能力和對音樂的理解能力越來越強，鋼琴課的內容也越來越難，越來越複雜。現在，聽他兒子演奏已經成為他們家人的一種享受，而他兒子也真正體會到了其中的樂趣。慢慢地逐步提高，正是鋼琴家成長之路的關鍵。即便是世界上最偉大的鋼琴演奏家，也需要一步步地學會每一個琴鍵呀！

　　有時候，我們想做成一件大事，完成一個目標，並不一定要馬上就做成，不妨大處著眼，小處著手，從一點一滴做起，等累積到一定程度，量變引起質變，一切就水到渠成了。

　　人，只要能一心一意，就沒有做不好的事。事情有大有小，但只是相對而言，很多時候，大事不一定真是大事，小事也不一定真的就是小事，關鍵在於做事者的認知能力。那些一心想做大事的人常常對小事嗤之以鼻，不屑一顧，然而，如果連小事都做不好，那麼做大事也很難成功。

　　細節決定成敗，細節也改變世界。真正有實力的人，都能夠看到細節的力量，並將之引入生活和工作當中，學會注意細節，不要讓機會從身邊溜走，不要讓成功倒在細節上。從細節入手，改變自己，改變人生。

第 02 堂課
養心 —— 人不能選擇命運，但可以選擇心態

▎嫉妒是心靈的陷阱 ▎

你的一位同學獲得了哈佛大學的獎學金，即將出國，你是禁不住讚道：「真棒！」還是心裡酸酸的說：「哼，傻人有傻福⋯⋯」

你的一位同部門的女孩，嫁給了一位老外，就要隨夫到國外定居。你是衷心祝福她，還是在背後撇嘴說：「就她那長相，也就傻老外能看上⋯⋯」

某天，你聽人談起某位過去在公司不得志的同事創業幾年發了，現在有了自己的公司，你的第一反應是高興，還是來一句：「說不定發的是不義之財呢⋯⋯」

和你同時進入職場的某君，現在已是處長了。每次他見了你，都會熱情地打招呼。你是同樣大方自然呢，還是在心裡暗自說：「不就是當了個破官嘛，看那假惺惺的樣子⋯⋯」

如果你的表現是後者，那你就是嫉妒了。而嫉妒，「心靈上的腫瘤」。你如果不警惕，不痛下決心把它「割掉」，它就會「像鏽蝕鐵那樣，以自身的氣質腐蝕自己」。

嫉妒，作為人性的弱點，幾乎誰都會有那麼點一點。這是人性中殘存的動物性的一面。據研究者說，許多動物都有嫉妒的本性，一隻狼會把比牠多搶了獵物的同類咬死。雜技團馴獸員講，一隻叫「紅紅」的小狗看到馴獸員接觸一隻叫「麗麗」的小狗較多，牠竟然嫉妒地把「麗麗」咬死了。我們雖早已進化成了人，但這個「動物性」卻似乎與生俱來。當我們還是孩子時，就會對父母表現出對其他弟妹的「偏心」而心生不快，我們會因他們比自己多吃了一口蛋糕或新穿了一件衣服而生氣甚至哭鬧。

雖然嫉妒是人普遍也可以說是天生的缺點，但我們絕不可因此而忽視

它的危害性。趁著它還只是我們心靈裡的小小「腫瘤」，我們就要趕快診治它，以免它發展下去，成惡性「癌變」。

法國作家巴爾札克（Honore de Balzac）說：「嫉妒者承受的痛苦比其他人遭受的痛苦更大，因為他自己的不幸和別人的幸福都會使他痛苦萬分。」「嫉」至極點就是病態，「妒」到極端就是心死，嫉妒是一種敵視或破壞別人優越的心理傾向。

據說，哥倫布（Christopher Columbus）歷盡艱險發現美洲大陸回到西班牙後，女王為了獎賞他，特地為他大擺慶功宴席。

因為哥倫布出身不好，所以，在酒席上，哥倫布遭到了一些王公大臣、名流紳士的歧視，而且由於嫉妒他做出的貢獻而紛紛出言相譏諷。有的說：「有什麼了不起的，換成我出去航海，一樣也可以發現新大陸。」有的說：「駕著船，只要朝一個方向航行，不轉彎，就一定有新發現。」有的說：「這麼容易的事情，女王還給他如此高的獎賞，真是不服。」

這時候，哥倫布從桌上隨手拿起一個蛋，笑著問那些譏諷自己的人說：「各位令人尊敬的先生們，你們誰有能力讓這顆蛋立起來呢？」

於是，那些內心充滿嫉妒而又自以為能力超群的王公大臣，開始紛紛嘗試著將那顆蛋立起來，但左立右立，想盡了辦法，無論如何也立不住一顆橢圓形的蛋。

「哼！我們立不起來，你也別想將它立起來！」大家又紛紛把目光盯向了哥倫布。

只見哥倫布不慌不忙地用手拿起蛋，「砰」的一聲往桌子上磕了一下，蛋頭破了，雞蛋便牢牢地立在了桌子上面。

眾人一看，便紛紛騷動了起來，都嚷道：「這誰不會呀！簡直太簡單了！」哥倫布微笑著對眾人說道：「是的，這當然很簡單，但是，在這之

前，你們為什麼想不到這樣去做呢？」

哥倫布一語便道破了這些王公大臣們嫉妒的心情。他其實是在變相地告訴他們：與其浪費時間去嫉妒別人，還不如靜下心來想想自己能夠做什麼，如何才能做得更好。

嫉妒會使人的心中充滿惡意、傷害。如果一個人在生活中產生了嫉妒心理，那麼他就會從此生活在陰暗的角落裡，不能在陽光下光明磊落地說和做，面對別人的成功或優勢也是咬牙切齒、恨得心痛。

西班牙作家米格爾·德·賽凡提斯（Miguel de Cervantes）說：「忌妒者總是用望遠鏡觀察一切。在望遠鏡中，小物體變大，矮個子變成巨人，疑點變成事實。」忌妒是對與自己有連繫的、而強過自己的人的一種不服、不悅、仇視，甚至帶有某種破壞性的危險情感，是透過把自己與他人進行對比，而產生的一種病態心理。

嫉妒的人總是拿別人的優點來折磨自己。別人年輕他嫉妒，別人長相好他嫉妒，別人身材高他嫉妒，別人風度瀟灑他嫉妒，別人有才學他嫉妒，別人富有他嫉妒……結果嫉妒來嫉妒去，傷害的卻是自己。

那麼，當我們出現嫉妒心理時應如何克服或調整這一人性上的弱點呢？

- **要放寬眼界，心胸開闊一點**：山外有山，人外有人。在這個世界上，比你強的人有很多，光嫉妒身邊的一兩個人是自尋煩惱，關鍵是你的嫉妒心理還會阻礙你向前發展。所以與其嫉妒別人，不如發憤努力，迎頭趕上。

- **學會尊重別人**：人們常說，只有先尊重別人才能得到別人的尊重。所以應正視別人的優點和長處，對於別人的超越要心悅誠服，然後向其學習，使自己更加完善。

· **正確對待嫉妒心理**：嫉妒心理並不全都是消極的、不利的。相反積極的嫉妒心理會讓我們產生自愛、自強、自奮、競爭的行動和意識。所以，當別人比我們更加優秀時，不妨換種態度，用嫉妒心理促使自己去發憤努力。

總之，對別人的成功，要以一種正面的心態去看待，不要以一種消極的心態去嫉妒。這就要我們保持良好的心態，對別人的好事多祝福，消除惡魔般的醋意，這樣，你的人生自會有一種別樣的精彩。

∥ 以感恩心面對世事 ∥

西晉時期成書的《三國志·吳志·駱統傳》中，就有「饗賜之日，可人人別進，問其燥溼，加以蜜意，誘諭使言，察其志趣，令皆感恩戴義，懷欲報之心」的句子，唐代詩人陳潤也曾寫下過「丈夫不感恩，感恩寧有淚。心頭感恩血，一滴染天地」的詩篇。而民間關於「感恩珠」的神話傳說，至少可以上溯至漢朝。所以說「感恩」和「誠實守信、助人為樂、禮貌謙讓、尊老愛幼、尊師重教」等行為一樣，是傳統美德。

感恩戴德、知恩圖報，是一種最起碼的良知，而忘恩負義、恩將仇報，則是毋庸置疑的小人行徑。但時至今日，「感恩」也不應再簡單地理解為「對別人給予的幫助表示感激」，它既是一種品德修養，也是一種健康的心態和健全的人格，更是一種處世哲學，是生活中的大智慧。

人類自古就懂得「受人滴水之恩，必當湧泉相報」的道理，也一直把「知恩圖報」作為立身處世的最基本原則之一。

但是，隨著物質文明越來越發達，人們的思想正在發生著翻天覆地的變化，許多人只注重個人利益，在他們心中金錢就是上帝，「占便宜」是

最基本的生活原則，而「情」和「義」根本不值一提，完全被他們拋置腦後，就算體驗到了別人恩典所帶來的實惠，對恩人也毫無感激之情。

在現實生活中，一個人透過辛勤勞動和艱苦努力雖能出色地完成某項任務，但在整個人生歷程中，接受來自別人的幫助仍是很重要的。受助和施助看起來有些矛盾，但適當依賴別人也是十分必要的。一個優秀而謙虛的人往往樂於承認和接受別人的幫助，並心存感激。只有對別人感激，你才會珍惜，才有前進的動力。一個人如果失去了感恩之心，那麼他的情感就是殘缺的。

回頭想想往事，你曾經多少次受過別人的幫助。你如果是名職員，那麼就是老闆為你提供了施展才華的平臺；你如果是個學生，那麼你所得到的知識和所引用的資訊都是老師傳授的；父母的孩子所掌握的那些為人處世之道，有哪一點不是他們教給的……因此，我們應該懂得感恩。

懂得感恩的人，被人們稱為「有良心的人」；只知索取，不知回報，常被人瞧不起，斥為「沒有良心」！不懂得感恩的人是對人冷漠的人，是不懂人情世故的人，不論他多麼會微笑、認同、有談興，人們都會疏遠他。懂得感恩的人則不同，在他人的眼裡，他們都顯得那麼善良美好，他們對人有更多的愛，他們更加關心別人 —— 這樣的人，當然也會得到別人的喜歡。

常常有人會這樣說：「老師教課，他得到了薪資，這是他的職責，沒什麼好感恩的。」「我看病掛號繳費了，還要什麼感恩。」「兩個朋友互相幫助了，好處對等，就不要互相感恩了，那樣太虛偽了。」等等。這些人錯誤地把人與人之間的關係變成了商品交換關係。當他們這樣想時，他們就會很自然地這樣對待別人，於是別人也自然這樣對待他，世界就因此而變得陰森、冷漠。老師教課不僅在賺錢，他對學生還有思想和感情的交

流；醫生治病時，更會有對病人的關心，人們對此應該感恩。朋友幫助你時，也許有他自己的目的，但是他在幫助你，你就應該感恩，這才是朋友。

在生活中，每個人都難免有點自我中心，因此有些人會想：我記住別人的好處，不記他們的壞處，這不是吃虧了嗎？實際上，你並不吃虧。因為當你想到別人的好處時，你的心情是愉快的；當你想起別人的壞處時，你內心是氣憤的，不愉快的。

那首《感恩的心》唱道，「我來自偶然，像一顆塵土，有誰看出我的脆弱；我來自何方，我情歸何處，誰在下一刻呼喚我；天地雖寬這條路卻難走，我看遍這人間坎坷辛苦；我還有多少愛，我還有多少淚，要蒼天知道我不認輸。感恩的心，感恩有你，伴我一生，讓我有勇氣做我自己；感恩的心，感恩有你，花開花落，我一樣會珍惜。」

我們應該感恩於活在這個世上，感恩於父母給予我們的愛，感恩於這個世上有那麼多的人對我們的關心，因為有了他們的存在而使我們不再孤單，不再無助，才會有快樂常在身邊伴隨。這種愛心需要我們不斷地傳遞下去，我們也同樣應該付出自己的關懷和愛心去給予別人，讓每一個人都能懷著一顆感恩的心生活在這個世上。

感恩不但是一種禮節，更是一個人具有涵養的基本展現。因而，感恩與拍馬屁不同，感恩是自然的情感流露，是不求回報的。對於個人來說，感恩是富裕的人生。它是一種深刻的感受，能夠增強個人的魅力，開啟神奇的力量之門，發掘出無窮的智慧。感恩也是幸福生活的原動力和內驅力。因此，每個人要學會用一顆感恩的心對待生活中的點點滴滴。

那麼，我們怎樣才能培養感恩的心態呢？

懂得感恩

　　現實生活中有很多人，他們這也看不慣，那也不如意，怨氣沖天，牢騷滿腹，總覺得別人欠他的，社會欠他的，從來感覺不到別人和社會對他的生活所做的一切。他們就好像生活在土裡的蚯蚓，即使有一天鑽出土層，也感受不到陽光的明媚，因為它們身體缺少感光細胞。一位哲人說，世界上最大的悲劇和不幸就是一個人大言不慚地說：「沒人給過我任何東西。」

　　就像自然界中食物鏈，生命的整體是相互依存的，任何生物都不可能不依賴於別的生物而獨立存在。無論是父母的養育，師長的教誨，配偶的關愛，他人的服務，大自然的賜予……

學會「施與受」

　　要想獲得幸福快樂，你必須學會「施與受」的藝術，因為這正是維持文明生活所必須的血液。一個人若只接受他人的恩惠與施捨，必然永遠不會快樂。如果一個人的一生只是僅僅抓住金錢不放，或是像隻被寵壞的小狗那樣接受其他人贈送的禮物 —— 那他們是不會感到幸福快樂的。

　　當一個人在從他豐富的幸福倉庫中拿出一部分幸福送給別人時，他會感到更加幸福。因為他將憂愁變成喜悅，把恨變成愛。在他眼中世界永遠是美好的，人永遠是幸福的。

　　當一個人幫助他人時，其實就是在幫助他自己。他會覺得與他人之間有一種親密的感覺。他會覺得自己是個對世界和社會很有貢獻的有用之人。此外，接受他幫助的人定會對他十分感激。在這個由人組成的社會中，他會感覺更舒服、更幸福。

做一個知足者

幸福是一種感覺，一個人只有當他自己覺得幸福的時候，那才會真正的擁有幸福；相反他自己若不覺得幸福，那麼他永遠都不會懂得真正的幸福之所在。獲得幸福感，知足是一種最為廉價的方式。

一個貪得無厭的人，即使擁有再多的財富、再高的地位，總是不滿足，總沒有幸福感；而知足者，卻能在極為簡單的物質條件下，得到滿足和快樂。

學會感恩，讓感恩之情來滋潤我們的生命，這樣，你就會在簡單的生活中依然能找到快樂。

｜與其抱怨不公平，不如看淡不平事｜

人生多變，世事無常。一路走來，誰都難免遭遇各式各樣的歡喜悲傷。正如周星馳在《大話西遊》中那段經典告白所說的一樣 —— 曾經有一份真誠的感情擺在我的面前，我沒有珍惜，等到失去的時候我才後悔莫及，人世間最痛苦的事情莫過於此 —— 那些曾經擁有但如今已然不在的美好回憶，每每想來都令人痛徹心扉。

「如果我當初不那樣就好了」、「如果我當初注意點就好了」、「如果當初我那樣選擇就不是今天這個樣子了」，應該說，這種悔悟反省有一定的積極意義，但是當一個人習慣於對失去的東西耿耿於懷時，這就擺明瞭是跟自己過不去了。事情既然已經過去，就不要再說什麼如果、假如了。我們應該做的，是學會忘記那些不愉快，同時吸取教訓，避免在以後的日子裡重蹈覆轍。再者說，塞翁失馬，焉知非福？失去的同時，未必不是得到的開始。失去了陽光的燦爛，你才能欣賞月光的皎美；失去了青春歲

月，我們才能走向成熟；失去了本不該失去的，我們才能學會珍惜⋯⋯

著名書法家于右任一生飽經沉浮，卻始終榮辱自安，得享高壽。每當有人問及他的養生之道，他總是指著客廳上的字畫笑而不答。那是一幅於老先生親筆寫意的蓮花圖，上有一副對聯：上聯，不思八九；下聯，常思一二；橫批，如意。

「不思八九，常思一二」，何意？無非是讓人保持知足常樂之心、掌握即有的幸福而已。「不如意事十之八九，能與語者無二三」，這是先哲對生活的智慧總結，我們也無須自欺欺人地去奢求什麼一帆風順，但幸好人生逆境不是百分之百，雖然只有一二，人生的如意事總還是有的。所以，我們要記住該記住的，忘記該忘記的。改變能改變的，接受不能改變的。也許有些事很無奈，也許有些人很可惡，但一切都在輪迴中，花開就有花落，花落終有花開。不再執著於得不到和已失去，你才能掌握幸福綻放的那一瞬間。

小南買了一輛新車，打算在長假期間和妻子一起去郊區度假。為了能有足夠的精力去瘋玩，他們很早就上床睡覺了，而車因為還未來得及租停車位便停放在社區外的車道上。

可是，第二天早上，當他們拿著各種旅行所需的東西來到停車處時，卻發現車子不見了。驚慌失措的他們打電話報警，警察來做了筆錄，讓警察啟動他們車上的追蹤系統。他倆也打電話給追蹤系統公司。

當充滿挫折感與焦慮的小南看著妻子仍哼著小曲在廚房忙碌時，有些懷疑地問：「我們的新車被偷了，難道你一點都不急嗎？」

妻子看著小南說：「親愛的，車已經不見了，而且警察也開始幫我們找了。你焦急、煩惱，車找不回來還是找不回來，何不看開點，讓自己快樂起來呢！」

　　聽了妻子的話，小南決定繼續之前的旅行計畫，當然了，他們選擇了以前經常所選的租轎車為交通工具，快樂地遊玩了二天後回到了家，準備迎接明天的工作。

　　上班第一天，他們的車找回來了，儘管有一些損壞，但至少他們沒有賠上自己的快樂。

　　生活的快樂與否，完全決定於一個人對人、事、物的看法如何。同樣的事，不同的態度，不同地對待，會有不同的結果。原因就是心態的不同，看問題的角度不同。比如當花瓶被打破時，有人看到了花瓶的破碎，並為此而惋惜，計較它的價值，有人卻慶幸自己沒有被割傷。

　　其實事既已成，無可挽回，與其糾纏於憂慮、煩惱之中，何不拋棄消極悲觀的情緒，進行自我安慰，盡早解脫出來呢！因此，當生活中的我們遇到不如意之事時，試著進行積極的心理調適，讓自己看開點，努力做個快樂的人。

第 03 堂課
人脈 —— 從關照他人中得到自己的幸福

║ 天時不如地利，地利不如人和 ║

已故澳門賭王何鴻燊是世界上最會賺錢的人之一，這點早有公論。但世人最佩服他的，還不是他如何會賺錢，而是他能在澳門賭壇雄霸 30 餘年，風雨不倒，堪稱奇蹟！何鴻燊能雄霸賭壇幾十年，霸主地位穩如泰山，這穩固的根基是他自己親手建立起來的。

古代兵家權謀有造勢之說。勢之所向，如高山滾石，不可阻擋。何鴻燊就是善於造勢之人。他在各處造就了有利於自己的態勢，編織了一張籠罩著各方各派勢力的關係網，保住了自己的地位，也保證了事業的長遠發展。這中間的奧妙是：充分利用各方各派力量，同時對強有力的利益集團給予充分照顧。

澳門是何鴻燊的根據地和大本營。他經營賭場大賺特賺，但他始終忘不了大力支持澳門的公共建設。每次簽約，他都主動地向政府做出多項繁榮澳門的承諾，並一一付諸實施。此舉大獲政府的稱讚，政府自然對他鼎力支持。

在自己的的公司，何鴻燊大量任用在地出生的葡萄牙人，這一點正符合澳督的施政方針，也得到葡萄牙政府的讚許。土生葡萄牙人在澳門很有勢力，和他們打好關係，大大鞏固了何鴻燊在澳門的地位。

何鴻燊也時常對葡萄牙明裡暗裡送去「秋波」。他在葡萄牙有不少投資；他聯合不少葡萄牙人一起開公司、做生意，實質上是帶著葡萄牙人賺錢，給他們一些實惠。不僅如此，何鴻燊還時常慷慨捐款給葡國。最令葡萄牙人感動的是，幾年前，他在葡萄牙成立「何鴻燊基金會」，出錢資助修葺葡萄牙的歷史建築。

自何鴻燊踏足澳門賭壇幾十年來，他跟葡萄牙政府和澳門政府的關係

都十分密切，每任澳門總督最後都成了何鴻燊的朋友。

在發展自己的事業過程中，港澳的那些超級富豪朋友幫了何鴻燊不少忙。而何鴻燊也很會做人，向來奉這些朋友為良師益友，時常把這些良師益友掛在嘴邊。

1979 年年底，一個香港作家為了撰寫關於何鴻燊的長篇專訪，幾次採訪他。有一個晚上，何鴻燊接受這位作家採訪時，對個人的事絕口不提，只大談特談他的十多個良師益友，足足談了五六個小時。

在何鴻燊所說的這些良師益友中，不少都是他生意上的合作夥伴。這些人財大勢強，在港澳可以說是叱吒風雲、雄霸一方的人物。跟他們合作，不僅能使自己如虎添翼，事業更成功，還能使何鴻燊在港澳一帶建立起一個龐大的關係網和勢力範圍。有了這個關係網和勢力範圍，何鴻燊就能大展宏圖，事業長足發展也就不足為奇了。

何鴻燊的事例告訴我們，在今天的商品經濟社會裡，一個人要想在「商海」裡乘風破浪，有所作為，「人和」是必不可少的。尤其是在資金、技術等方面相對較薄弱的情況下，「人和」就顯得更重要了。創造一個「人和」的外部環境要注意以下幾方面：

- **做好與銀行的關係**：資金對一個公司來說，是生存之源。公司要想擴大規模，沒有資金是不行的。錢從哪裡來？除了自有資本以外，相當程度上得靠銀行的貸款。很多公司經營者在實踐中都有很深的體會，與大公司相比，小公司想獲得貸款實在太難了。與銀行保持良好的關係，就是要解決這個重要問題。具體來說，公司首先要講誠信，在銀行樹立自己良好的還貸形象；其次，要把本公司的優勢更強烈地傳達給銀行。
- **做好與其他公司和各界人士的關係**：「一個好漢三個幫」，公司在發展過程中需要各方面的支援和幫助。要創造這種良好的關係，公司應

該以誠相待、講求信用。有一家科技開發公司，在公司創立初期，老闆出差時認識了一位商人。在聊及商務時，商人希望得到他的幫助，並許以重金。這位老闆很快辦成了事，但分文未取。商人大為感動，於是在資金、技術上給予了大力支持，使之得以迅速發展。可見，與外界各公司、人士打交道，與一個人處理周圍的人脈關係一樣，要講一個「誠信」的原則。當然，具體的做法與公司的經營策略是緊密相關的。

· **處理與協調人脈關係是成功的關鍵**：如何提高人際協調的藝術已越來越為眾多渴望成功的人士所重視。不同的人脈關係，會引起不同的情感體驗。人與人之間，由於滿足了各自的需要，就會產生親密關係，雙方就感到心情舒暢；反之則會疏遠、產生矛盾甚至敵對。前者有利於各自事業的發展，而後者則必然影響或阻礙各自事業的發展。因此，想致富的你必須樹立一個觀念，即「人脈就是財脈」的觀念；必須學會一門技巧，即恰當和諧地處理來自上下左右、四面八方的各種人脈關係。做到了這一點，你成功的馬達就已經開始啟動。

┃讓別人欠你個人情┃

你送給別人一個人情，別人便欠你一個人情，他是定要回報的，因為這是人之常情。人情就像你在銀行裡存款，存的越多越久，紅利便越多。

你在感情的帳戶上儲蓄，會贏得對方的信任，當你遇到困難、需要幫助的時候，就可以用上這種信任，你犯有什麼過錯，也容易得到別人的諒解；即便你沒把話說清楚，有點小脾氣，對方也能理解。

所以，我們強調，應該自信主動、坦誠大方地請求別人的支持和幫助，儘管有許多有效的方法和技巧可以採用，然而，最重要的是自己要樂

於助人，關心他人，不斷增加感情帳戶上的儲蓄。如果說建立相互信任、相互幫助的人際關係有什麼訣竅，那麼這是唯一可靠的訣竅。

反之，不肯增加儲蓄而只想大筆領取的人是無人理會的，這樣的銀行帳戶是根本不存在的。你毫無儲蓄，到需要用錢時，必然無錢可用，只有欠債了。但欠債總是要還的，到頭來還是要儲蓄。這就是社會與人生的大海上平等互利、收支平衡的燈塔。

一個人不可能單憑自己的力量去闖蕩世界，即使那些功成名就的人，也需要借助他人的支援和力量。談及成功經驗，他們都會對自己講求信譽和以誠經營而自豪不已。講信譽，講誠信，送給別人一個人情，表現自己的誠意，會獲得意想不到的回報。不是所有人都會積極地償還欠你的人情債，不過，總有人會還的。別人欠你的人情，終有一天，你會連本帶利收回。

戰國時期有個名叫中山的小國。

有一次，中山的國君設宴款待國內的名士。當時正巧羊肉羹不夠了，無法讓在場的人都喝到。有一個沒有喝到羊肉羹的人叫司馬子期，此人懷恨在心，到楚國勸楚王攻打中山國。

楚國是個強國，攻打中山易如反掌。中山被攻破，國王逃到國外。他逃走時發現有兩個人手拿武器跟隨他，便問：「你們來做什麼？」

那兩個人回答：「從前有一個人曾因獲得您賜予的食物而免於餓死，我們就是他的兒子。父親臨死前囑咐，中山有任何事變，我們必須竭盡全力，甚至不惜以死報效國王。」

中山國君聽後，感嘆地說：「給予不在乎數量多少，而在於別人是否需要。施怨不在乎深淺，而在於是否傷了別人的心。我因為一杯羊肉羹而亡國，卻由於一碗飯而得到兩位勇士。」

這段話就道出了人際關係的微妙。

　　人生不能一帆風順，總有曲折。早些認識人情的重要性，絕不是一件壞事。人常說：「家有百畝田，不如有個好人緣。」能做人、會做人的人大多是與人為善，廣結善緣，多做善事的人。

　　許多事情往往就是這樣具有一體兩面，我們在奉獻的同時又在獲取，我們在索取的同時又在失去。事情好像是有一隻看不見的手在支配著，其實這只看不見的手就是社會運行的機制，而這個機制又基於人情世理──誰都不願意向貪婪的索取者給予什麼，卻願意向慷慨的奉獻者施與。

　　今天如有能力，你一定要多幫助人、關照人，讓很多人欠你的情；明天當你失意落魄或年衰體弱的時候，自然會有許多受過你的照顧、幫忙、提攜的人前來「燒香納貢、叩頭謝恩」。這是欠情還債的傳統生活法則。

　　有位目前很活躍的油畫畫家，曾透露他在年輕時代過了一段非常困苦的生活，經常三餐不繼。

　　有一次，他把一幅連自己都沒信心的畫拿到畫商那裡，畫商看了半天，付給他一筆當時他認為很多的錢。就畫家來說，畫商並非買了這幅畫，而是給了他前途。此後他終於成功地熬出了頭。

　　那筆金額是否很高呢？其實不見得，但直到今日，那位畫家對這筆款項一直還覺得非常龐大。因此，這位現在已成名的畫家若有滿意的作品，一定會交給那位畫商，並且以普通價錢成交。

　　人在困厄消沉中，有人向他伸出援助之手，那就是給了他最大的面子，可以使人產生長久的感恩之情。所以，做人的最高境界，不是賺取利益，而是賺取人心。

　　有成功，就有失敗；有得意者，就有落魄者。或許你昨天還是成功的典範，是一個意氣風發、春風得意的人，到了今天，你就可能由於某種

原因而一貧如洗，變成一個普普通通的人，甚至是還不如普通人的落魄者……在商品社會裡，這種現象並不罕見。

人情債，沒有一個標準，沒有可衡量的尺度，一切只能是憑感覺，就像人們問：什麼是幸福？幸福只是一種感覺，感覺是動態的，它會隨時間、地點、所發生的事而改變。有機會的話，你還是應該試著讓別人欠你人情債，終有一天，你會連本帶利收回來的。

人情就是財富，人際關係一個基本目的就是結人情，要像愛錢一樣喜歡情意，方能左右逢源。

‖ 別玩寂寞，孤獨不是社會的主旋律 ‖

一位心理學家曾經這樣說過：「人類得到情感上的滿足有四個來源：戀愛、家庭、朋友和社會。一個人的孤獨程度，取決於他和這四個方面的關係如何。」通常來說，性格孤僻的人由於不能很好地處理上述四種關係，必然導致友誼的匱乏，缺乏溫情的依戀，容易將自己封閉起來。

孤僻的人性格內向，不喜歡與人接觸，對周圍的人心生厭惡、戒備及鄙視心理。這種人內心十分苦悶，缺乏朋友、同事間的友誼與歡樂，交往需求得不到滿足，感覺不到人世間的溫暖，不能看到生活的美好前景，成天憂心忡忡地度日，並有恐怖心理。由於沒有足夠的社交能力，使他們在人際社交中常常碰壁，他們的自主性也會受到傷害。因為不與人接觸，他們的社交能力不能得到鍛鍊，結果越來越孤僻。只有走出孤僻，才能開拓出一個成功的人生。

瓊和麗是大學同學，更重要的是，她們都來自偏遠的鄉下。走出荒涼的鄉下，在高樓林立的都市闖出一片天地是她們一直努力的方向。為此，

大學四年，麗考完英語攻韓語，除了吃飯睡覺外，她把所有的時間都用在了學習上，學校舉辦的任何活動都見不到她的身影。但瓊卻正好相反，不管什麼活動總能看到她在人群中穿梭的身影，也因為她是學生會副主席的緣故，學校裡沒有她不認識的，無論是剛進校門的新生還是快要畢業的學長學姐，瓊總能和他們聊上幾句。當然了，瓊也並沒有因此而耽誤自己的學習。她順利地通過了多益考試，並選修了心理學課程。

等到還未畢業時，瓊已被一家知名企業聘用。而麗本以為憑藉自己的能力，一定能找到一家不錯的公司，但每次面試的結果都是回家等通知，卻任何通知都未等來。後來，麗先後在幾家小公司任職，但是工作沒幾個月，便被老闆婉言辭退了。麗總覺得老闆有眼無珠，不識自己才華，卻不知正是自己不合群的性格害了她。每天麗一到辦公室就坐到自己的辦公桌前忙碌起來，同事們跟她打招呼時，她也愛理不理的，別人請她幫忙，她也總說自己有工作要忙，沒時間，自然碰了兩次灰之後，大家也都把她當成了公司裡的「隱形人」。

相較而言，瓊卻面帶微笑，誰要是有什麼需要幫助的，她就趕緊跑過去幫忙，然後適時地和人說上幾句。若遇到同事，雖然有些不知道姓名，具體工作是什麼，但瓊總會熱情地打招呼。下班之後，也總會和同事們一起逛街，買些衣服飾品，逛夜市。工作不到一年的時間，瓊不但得到了大家的一致好評，還得到了提拔。

當今的社會是資訊社會，如果不與人交流溝通就會使自己越來越封閉。良性的人際關係網，幾乎是每個人立足於社會所必要的。即使你有過人的才華，如沒有人跟你打交道，也不可能被人賞識，而你的生命仍是一種冷酷的、無助的、孤獨的不受歡迎的生命。所以，我們一定要注意經營自己的人脈。要知道，平時常聯絡感情，遠勝於臨時抱佛腳。打一個電

話，帶上幾句溫暖的問候，是給朋友最好的禮物，也是會做人的表現。你們之間保持連繫，在你需要對方時，對方才有可能給予幫助。同時，我們在與別人交往的同時，也可以學習他人的優點，使自己不斷地提高。更重要的是，我們可以與他人合作，借助他人的力量把事情做得更好。

李偉恩在一家軟體發展公司工作，因其表現突出，被委任為一個研發小組的組長。對此李偉恩頗有些志得意滿的樣子，並暗下決心，準備再露一手。但事情卻並沒有他想像中的那般順利。儘管他電腦應用能力一流，但卻缺乏必要的研發經驗，研發能力也有很大的欠缺，從而導致工作進度異常緩慢。正在李偉恩一籌莫展的時候，主管語重心長地說：「李偉恩，你要知道，你不是一個人在工作，你有一個團隊，你應該充分發揮團體的力量。儘管他們在電腦應用上可能要稍遜你一籌，但是在研發經驗和能力上可就是你的老師了。」

主管的一席話，讓李偉恩忽然意識到前一階段的自己太以自我為中心了，竟然忽視了身邊的這些同事們。於是，李偉恩開始虛心地向其他同事請教，經過一番交談，李偉恩發現他們每一個人都有自己的優勢，提出來的方案讓許多科班出身的人都自愧不如。

於是，李偉恩轉變了單獨作戰的方式，激發這些同事們的潛力，在他們的共同努力下，很多課題都被解決，而李偉恩的業務能力也隨之得到了提升。

一個人的能力再強，也總會遇到一些超出自己能力之外的事情，若你的能力達不到或勉強做完，也是漏洞百出。但若借助他人的力量，那麼事情似乎就變得簡單許多。所以，趕緊走出自己的小世界，進入到社會這個大家庭中來吧！孤獨不是社會的主旋律。

值得注意的是，幾乎每個人都會在某些時刻體驗到孤獨襲來的痛楚。

它可以是簡單而表面化的，比如成為球隊裡唯一沒有上場比賽的球員；比如失去了至親或親密的朋友。我們隨時都有可能陷入孤獨的包圍圈，但是，我們同樣能夠擺脫它。所以，我們要接受孤獨也是生活的一部分，但切記不要讓孤獨成為自己的生活常態。

第 04 堂課
愛情 —— 給愛一個空間，給自己一個轉身的機會

▏對愛情要懂得取捨▕

擁有一段感情並不是讓它成為你的囚徒，放開它你才能真正擁有它。

電影《臥虎藏龍》中有這樣的一個場景，男女主角坐在一個涼亭之中，背景是一片翠綠的竹林，涼風徐徐地吹來，與世無爭的怡然自得。之中有一句對白這樣說道：「我的師父常說，把手握緊裡面什麼也沒有，把手放開，你得到的是 —— 切！」

生活並不是一帆風順的，很多時候我們需要學會放手，放手不代表對生活的失職，它也是人生中的契機。然而學會放手要比學會緊握更難得，因為那需要更多的勇氣。

常常聽人談起自己婚後生活的不順心。「婚姻是愛情的墳墓。」許多人覺得這是一句至理名言。為什麼兩個人都極為珍視的結合最後會成為感情的障礙？為什麼為了更好地擁有對方而結婚卻使兩人離得越來越遠？看完下面的這個故事，也許會對我們有所啟示。

這麼晚了，他還沒回來，若是在以前，我肯定早就打他的手機，要他快點回家了。記得那是十多年前，他還沒有混到如今的地步，僅僅是一個普通的職員，腰間僅有老人機。那時候，為了拚出一個好的前程，他忙得經常顧不上回家，而我，每天一到下班就打手機要他回來，生怕他在外面學壞了。久而久之，他的同事都笑稱他帶的是一臺「尋夫機」，弄得他很尷尬，回到家就對我發火：「整天 Call 我，你煩不煩啊？」

一聽到這話，我的委屈如潮水一般湧上來：煩不煩 —— 我當然煩了 —— 正是因為關心你、愛你、害怕失去你，我才這樣頻頻保持與你的聯繫……久而久之，我們的感情便日漸疏遠。

後來有一天，很晚了他還沒回來，我百無聊賴地倚在床頭看書。忽

然，一篇文章深深地吸引住了我的目光 ——〈放開他，並不等於失去他〉，好奇心促使我讀下去 —— 有一個女孩，她很愛自己的戀人，和我一樣，生怕失去對方，因此就無時無刻不監視著他，弄得他心煩意亂，提出要和她分手，這使她很傷心。她母親是一個很有思想的人，聽女兒訴說了自己的煩惱後，帶她到了海邊，捧起一捧沙子對女兒說：「孩子，你看，我輕輕地捧著它們，它們會漏掉嗎？」女兒看了一會兒，一粒沙子也沒有從母親手中滑落，就搖了搖頭。接著，母親說：「我再用力抓緊它們，你看會漏掉嗎？」說完，就用力去握沙子，奇怪的是，她握得越緊，沙子從指縫裡漏得越多、越快。這時，女兒忽然明白了：愛情和沙子一樣，握得越緊，就越容易失去。

讀到這裡，我的心頭豁然一亮：是啊，為什麼一定要像握沙子一樣握緊他呢？身為男人，他有自己的事業，有自己的天空，為什麼不放開他，給他一定的自由呢？

從此，我改變了很多，不再老是追根究柢地查他的去向，他對我的態度也因此有了明顯改善。

正沉浸在往事裡想得入神，外面傳來了鑰匙開門的聲音，我打開門，他一下楞住了：「這麼晚了，你還沒睡？」我俏皮地回答：「你還沒回來，我哪能睡得著呢？」

他「噢」了一聲先進了屋，過了一會兒，他問我：「你為什麼不罵我一頓？」

「為什麼要罵你一頓？」我反問。

他沉默了。

天亮前，他搖醒沉睡的我，說：「小玲，我不得不告訴你，你感動了我 —— 本來，我是打算與你離婚的，因為以前的你使我無法忍受。每天

我回來這麼晚，就是為了激你發火，讓你和我大吵大鬧，這樣，我就可以下狠心離開你。可是，你卻以你無限的寬容使我意識到自己的渺小與卑鄙 —— 明天，我就離開那個你不知道的『她』……」

望著他沉痛懺悔的表情，我忽然明白：放開他，我真的沒有失去他。

把手握緊，裡面什麼也沒有；把手放開，你得到的是一切！這就是緊握與放手之間的奧妙。

你一定有過年關前大掃除的經驗，當你一箱又一箱地打包，你是不是很驚訝自己在短短的幾年內，竟然累積了那麼多的東西！你可能很懊悔，埋怨自己為何沒有在事前花些時間整理，淘汰一些根本就不可能再需要的東西。其實，人生又何嘗不是如此呢？每個人都在不斷地累積東西，這些東西包括你的名譽、地位、財富、親情、關係、健康和知識等。當然，也包括煩惱、煩悶、挫折、沮喪和壓力等。試問，在這些累積的東西中，到底有多少是真正有用的呢？又有多少是早就該丟棄而未丟的呢？

捨得捨得，有捨才能有得，小捨小得，大捨大得，不捨不得。一件東西，總是緊緊地抓在手裡，不捨放下，手裡就沒有多餘的空間來接其他的東西。「捨」與「得」是辯證關係，舊的不去，新的不來。雖然人們都明白「凡事有捨才會有得」的道理，可許多人一遇事就犯渾，在為人處世中斤斤計較，生怕自己損失點什麼。屬於鐵公雞一個，一毛不拔。這種人根本不懂得風險存在於生活的各個角落，遍布和貫穿人生的整個旅途。

‖ 女人要內心獨立，外表溫柔 ‖

有人說女人的溫柔是一種喜悅，自己受用，同時也在不知不覺中取悅別人；有人說女人的溫柔是夜幕降臨時一盞亮起的燈，讓人產生回家的渴望，無論多遠，那盞燈都是心底裡一直的牽掛。有人說女人的溫柔是一種魅力，讓男人一見鍾情，忠貞不渝。

可見，女人失去溫柔是一件多麼可怕的事情，世界上也絕少可以見到哪個男人會喜歡野蠻、潑辣、粗俗的女人。一個女人無論她的外表有多麼動人，如果她張口粗話，也會在人們的心目中大打折扣。

一趟旅遊上的導遊是一位外表非常漂亮的女生，她那洋溢著青春朝氣的臉蛋讓每一位乘客都忍不住多看兩眼，這是一種無法自持的對美的欣賞。然而當她收費用時，一位男士左掏右掏都沒有從口袋裡掏出錢來，這位漂亮的導遊突然破口大罵道：「沒錢你旅什麼遊，這麼大的人了連錢都沒有帶，真是好意思。」罵得那位男士羞容滿面，狼狽不堪，遊覽車一到站就脫隊了。此時，所有的乘客都把頭轉到了一邊，不願再看這個漂亮的女人，因為從她那美麗的臉蛋上，人們看到了一把鋒利的刀，這把刀讓人不寒而慄。

上面我們說的這個女人雖然很漂亮，但在她的漂亮臉蛋上人們看到了她毫無溫柔、粗俗不堪的一面，這樣的女人，失去的不僅僅是溫柔，還有自己的尊嚴以及美好的心靈。

溫柔來自女人性格的修養。女人要在日常生活中注意自身的修養，培養女性的溫柔。要把那些影響溫柔的不利條件全部排除掉，讓溫柔的鮮花為女人的魅力而怒放。

宋代大詩人蘇軾曾說：「君子所取者遠，則必有所待；所就者大，則

必有所忍」，武則天的復出，是她向更高權力邁出的關鍵一步。身為一個既無背景又無權勢，生活在一個男權世界裡的女人，她的本錢僅僅只有柔情，只有把自己的優勢表達出來，才有出頭之日。

最惹人憐愛的，是露珠一樣的女子，晶瑩純美如朝露，纖弱細小也如朝露，讓人擔心她會蒸發、會化掉。

有的女人是海，有最豐富的臉色和風情。她寬闊無際，變幻不定，男人永遠掌握不了她胸中蘊藏的風暴或柔情，她的溫柔洶湧而來，她的狂烈排山倒海。有的女人是冰山、冷豔、高傲，拒人千里；撞上去的人，100個有99個自討沒趣、頭破血流。

大多數女人都是一杯溫水。餓了的時候，渴了的時候，病了的時候，沒有什麼比一杯溫水能給人更多的撫慰。它最適宜普通人的胃。但是，男人在生龍活虎時，誰會想念一杯淡而無味的溫水呢？

還有一種形態，是瀑布。當瀑布還不是瀑布的時候，她不過是山澗的溪流，自由自在。碰到落差很大的地帶，她忽然就縱身一躍，飛流直下。那時候，她除了本色不改的清爽，還有氣勢磅礴的奔流，剛柔兼濟，美不勝收。之後，經過了飛珠濺玉的輝煌，瀑布化身為一潭碧水，含蓄內斂，深不可測。

如果你聽過滴水穿石的故事，就會對水的堅忍不拔，水的以柔克剛有所了解。水的力量，遠遠超過一般人的想像。

總之，每個人的性格不同，表現柔情的方式也大相徑庭。不過可以肯定的是，她們展現柔情後的結果是一致的，都會令男人如痴如醉，被她們的魅力深深地吸引。

要想嘗試愛情的喜悅，其實並不是很難，只要多一點勇氣，生活中隨處都有機遇等待著你的光臨。不過，關鍵要看你以一個什麼樣的形象去面

對愛情。凶悍跋扈，還是柔情似水？相信大多數女人會選擇後者。

　　一位風度優雅的女人，必定擁有持久無限的超凡魅力。優雅的風度並不是每個人都具有的，它是一種無形的東西，可以滲透到人們的心靈裡，從而給人留下難以磨滅的印象。魅力十足的女人不一定有優雅的風度，但有風度的女人一定具有魅力。

　　因為，風度是由個人的文化素養、審美觀念凝結而成的產物，當它發揮作用時，在耀眼的光芒中，可以清晰地看見女人不可泯滅的魅力。

　　展現風度的神韻之美光靠外表是徒勞的，只有將內外結合才能使風度發揮最大的魅力。所謂內外結合主要是指：內具樸質的心靈；外則有真摯的表現。樸質的心靈，可以使人談吐優雅、舉止大方；後者則展現出風度之美，可以使人坦誠率直，遇事不做作。

　　所謂「樸質」，說的是一種自我認識、自我評價的客觀態度。大凡樸質的女人，總是善於恰到好處地展現自身風情韻致的外化形態，給人以親切、坦誠、受人尊重的感受。她們從不掩飾自己，也不矯揉造作，所表現給他人的就是真實的自己；她們不屑借助別人來炫耀、美化自己。所以，那種樸質之美完全可以被她們的風度之美表現得更加完美。

　　所謂「真摯」，是一種誠實、真實、踏實的生活態度。真摯的女人可以給人以不虛偽、不狡詐的感覺，人們在她們身上可以領略到誠信的真正含義。真摯的女性，總能在正確地評價自己的同時，展現出自己的風度，既不自我貶低也不羨慕他人，而是泰然處之，使人感受到一種真正的瀟灑之美。

∥坦然面對愛情，順其自然∥

佛說：「前世的五百次回眸，才換來今生一次的擦肩而過。」那麼，要多少次回眸，才能換來人海茫茫的兩情相悅呢？

真正的愛情都是自然而然產生的，而不是刻意追求來的，當你心中還沒產生那種情愫的時候，不可以去求索，順其自然產生的愛才是真愛。

有個年輕美麗的女孩，出身豪門，家產豐厚，又多才多藝，日子過得很好。

媒婆也快把她家的門檻給踩爛了，但她一直不想結婚，因為她覺得還沒見到她真正想要嫁的那個男孩。

直到有一天，她去一個廟會散心，於萬千擁擠的人群中，看見了一個年輕的男人，女孩覺得那個男人就是她苦苦等待的結果。

可惜，廟會太擠了，她無法走到那個男人的身邊，就這樣眼睜睜的看著那個男人消失在人群中。

後來的兩年裡，女孩四處去尋找那個男人，但這人就像蒸發了一樣，無影無蹤。

女孩每天都向佛祖祈禱，希望能再見到那個男人。

她的誠心打動了佛祖，佛祖顯靈了。

佛祖說：「你想再看到那個男人嗎？」

女孩說：「是的！我只想再看他一眼！」

佛祖：「你要放棄你現在的一切，包括愛你的家人和幸福的生活。」

女孩：「我能放棄！」

佛祖：「你還必須修練五百年道行，才能見他一面。你不後悔嗎？」

女孩：「我不後悔！」

　　女孩變成了一塊大石頭，躺在荒郊野外，四百多年的風吹日晒，苦不堪言，但女孩都覺得沒什麼，難受的是這四百多年都沒看到一個人，看不見一點點希望，這讓她都快崩潰了。

　　最後一年，一個採石隊來了，看中了她的大小，把她鑿成一塊巨大的條石，運進了城裡，他們正在建一座石橋，於是，女孩變成了石橋的護欄。

　　就在石橋建成的第一天，女孩看見了，那個她等了五百年的男人！

　　他行色匆匆，像有什麼急事，很快地從石橋的正中走過了，當然，他不會發覺有一塊石頭正目不轉睛地望著他。

　　男人又一次消失了，再次出現的是佛祖。

　　佛祖：「你滿意了嗎？」

　　女孩：「不！為什麼？為什麼我只是橋的護欄？如果我被鋪在橋的正中，我就能碰到他了，我就能觸摸他一下！」

　　佛祖：「你想觸摸他一下？那還得修練五百年！」

　　女孩：「我願意！」

　　佛祖：「你吃了這麼多苦，不後悔？」

　　女孩：「不後悔！」

　　女孩變成了一棵大樹，立在一條人來人往的官道上，這裡每天都有很多人經過，女孩每天都在近處觀望，但這更難受，因為無數次滿懷希望的看見一個人走來，又無數次希望破滅。

　　如果不是有前五百年的修練，相信女孩早就崩潰了！

　　日子一天天的過去，女孩的心逐漸平靜了，她知道，不到最後一天，他是不會出現的。

　　又是一個五百年啊！最後一天，女孩知道他會來了，但她的心中竟然不再激動。

來了！他來了！穿著她最喜歡的白色長衫，臉還是那麼俊美，女孩痴痴地望著他。

這一次，他沒有急急忙忙的走過，因為，天太熱了。

他注意到路邊有一棵大樹，那濃密的樹蔭很誘人，休息一下吧，他這樣想。

他走到大樹腳下，靠著樹根，微微的閉上了雙眼，他睡著了。

女孩摸到他了！他就靠在她的身邊！

但是，她無法告訴他，這千年的相思。她只有盡力把樹蔭聚集起來，為他擋住毒辣的陽光。

千年的柔情啊！

男人只是小睡了一刻，因為他還有事要辦，站起身來，拍拍長衫上的灰塵，在動身的前一刻，他抬頭看了看這棵大樹，又微微地撫摸了一下樹幹，大概是為了感謝大樹為他帶來清涼吧。

然後，他頭也不回地走了！在離開她視線的那一刻，佛祖又出現了。

佛祖：「你是不是還想做他的妻子？那你還得修練……」

女孩平靜地打斷了佛祖的話：「我是很想，但是不必了。」

佛祖：「哦？」

女孩：「這樣已經很好了，愛他，並不一定要做他的妻子。」

佛祖：「哦！」

女孩：「他現在的妻子也像我這樣受過苦嗎？」

佛祖微微地點點頭。

女孩微微一笑：「我也能做到的，但是不必了。」

就在這一刻，女孩發現佛祖微微地嘆了一口氣，或者是說，佛祖輕輕地鬆了一口氣。

女孩有幾分詫異，「佛祖也有心事嗎？」

佛祖的臉上綻開了笑容：「因為這樣很好，有個男孩可以少等一千年了，他為了能夠看你一眼，已經修練了兩千年。」

老子告誡我們，無論發生了什麼，無論做任何事情，都要合乎自然，順應人情，這樣才不會碰壁，才能一順百順。聽任自然，順應原本，這也是老子堅持的思想之一。

比如：兩個很恩愛的男女，卻因為雙方父母的關係，無法成為夫妻；比如：一方愛著對方，對方卻愛著別人；比如：在咖啡廳偶然碰到一個心儀的人，卻匆匆地沒有留下一個電話。

這些，都是錯過的美麗風景，這也就是命運，這就是自然之道。

也許有人會很傷心，其實，大可不必。在老子的眼裡，命運其實就是自然，是人的境遇而已。錯過花，或許能收穫雨；放下錯過的傷痛，或許收穫的是更多的快樂。

人生是需要隨時面臨選擇與放棄的，不放下過去的傷痛，就永遠無法嘗試新的快樂；不埋葬舊的記憶，就無法面對新的開始。你有所選擇，同時，你就有所失去。大自然的法則就是如此。

所以，我們說，許多的事情，總是在經歷過以後才會懂得。一如感情，痛過了，才會懂得如何保護自己；傻過了，才會懂得適時的堅持與放棄，在得到與失去中我們慢慢地認識自己。其實，生活並不需要這些無謂的執著，沒有什麼不能割捨。學會放棄，自然而然，生活會更容易。

每一份感情都很美，每一程相伴也都令人迷醉。是不能擁有的遺憾讓我們更感眷戀；是夜半無眠的思念讓我們更覺留戀。感情是一份沒有答案的問卷，苦苦的追尋並不能讓生活更圓滿。也許一點遺憾，一絲傷感，會讓這份答卷更雋永，也更久遠。

第 05 堂課
婚姻 —— 不是墳墓而是新的開始

幸福婚姻是經營出來的

現實生活中，很多夫妻在共同生活了一段時間之後，常常會有這樣的疑問，為什麼在婚後的生活中總感覺有這樣或那樣的不盡人意？為什麼感覺婚後的他或她對自己越來越冷淡？為什麼夫妻間找不到渴望中的默契？在回答這些問題之前，首先要意識到婚姻和其他事情一樣，除了有一個美好的開始以外，還需要婚後的維護與經營。只有這樣，你的婚姻生活才會幸福美滿。在婚姻生活中，男和女是一個複句中的兩個主詞，無論誰在前誰在後，都要把後面的謂語和賓語組織好。偷懶和不負責任都會使婚姻出現問題。因此，要想家庭幸福、夫妻恩愛，就應該保持婚姻的熱情，就需要懂得如何經營婚姻。

當下很多人已經意識到婚姻是需要經營的，因為時代在改變，沒人願意過貌合神離的夫妻生活，更無法接受痛苦的婚姻關係。因此，好好維護、照顧與保養自己的婚姻顯得十分必要。就好比一盆植物要勤澆水，多施肥，接受充足的陽光一樣，婚姻也要時時給予所需的水、陽光與維生素。人們常說：「一個成功男人的背後會有一個偉大的女人。」這話不是真理但有道理。丈夫要以事業為主，家庭為輔；妻子要以家庭為主，事業為輔。這才可能是婚姻幸福的前提條件。學會生活，善待自己。人們常說一句話：「生活就像一面鏡子，你對它哭，它對你也哭，你對它笑，它對你也笑。」而人們最容易犯的錯誤就是認為你犯的錯誤憑什麼我先笑！如果兩人都這樣想，生活便少了樂趣，多了怨恨。通常情況下，我們在無法改變別人的情況下就應先改變自己，無法改變環境就改變自己的心態才是上策。

從婚姻發展的角度來說，一對夫妻結婚以後，要度過各個階段的婚姻生活，也要處理各個階段面臨的生活問題。比如剛結婚時要完成角色的轉

化，由兒女過渡到夫妻，中間是與原生家庭的分離；養育子女階段會比較辛苦，角色再一次轉變，同時還要兼顧事業及雙方的情感需求；中年以後，養育子女的任務基本完成，夫妻間的生活變得更為重要；夫妻能否好好相處，能否有感情成為了主要的婚姻課題，不要認為已經結婚十多年，沒有問題，其實它仍舊需要時時去照顧，否則中年以後的生活很難繼續維持良好的婚姻關係，白頭偕老就變得難以實現。總之，婚姻是要從頭至尾一直經營的，就像一個人做生意，如果不好好經營就會面臨倒閉甚至是破產。

小張是獨生女，自小在父母寵愛下長大，結婚後，她將家裡生活模式直接搬到小家裡，如丟三落四，家事從不插手。

那天，睡懶覺的小張急匆匆要出門，她習慣性地問；「我的外套放哪裡了？」剛結婚時，丈夫還能寬容，可是天長日久，怨氣來了。他不耐煩地回答道：「你像個女人嗎？什麼都不操心，什麼都不知道，就差要我餵飯了！」……夫妻裂痕由諸如此類的小事逐漸產生。最後，兩人不得不走上離婚的道路。

一項研究指出，婚姻危機的基本因素是消極的情感、消極的行為模式，如批評、責備、嘮叨，甚至是打罵等。夫妻關係是最親密也是最複雜的人際關係，夫妻之間能否通暢地表達溝通，是婚姻順利美滿與否的重要特徵之一。

有些夫妻以為，結婚了就是自己人，說話無所顧忌，不講方法；還有些夫妻，角色位置沒有不斷地調整變化，總是一種訓斥的口氣使人不快等等。長期的負面情感交流，損害彼此的感情，慢慢演變成婚姻問題。

愛情跟塑膠、皮革、絲綢一樣，也會老化。老化的愛情，強度與韌度大大地削弱，變冷變硬，稍不留神就會裂開……愛情的呵護與保養，需要

一點點理智，一點點技巧。只有掌握了波浪的規律，才能開船航行。

　　其實，世上本沒有什麼理所當然的事情，我們不能把愛人對自己的關心和愛看成是理所當然的。即便有婚姻的契約作為約束，我們也不能把它看成是一成不變的。尤其是當熱情逐漸演化成親情的時候，身處圍城之中的一定要記住這樣一條原理：婚姻，需要用心經營！

｜珍惜眼前人，把握能把握的幸福｜

　　「後來，我才學了怎樣去愛；可惜了，早已遠去消失在人海。後來，終於在眼淚中明白，有些人，一旦錯過就不在……」這是劉若英的歌《後來》當中的一句。

　　現實生活當中，有太多「後來」才明白過來的事。然而這個「後來」只能是事後的感嘆了。如果很幸運，你身邊有一個真正愛你的人。你一定要懂得珍惜他。或許當他在身邊的時候，你可能不知道有多麼愛他，甚至把自己得到的愛都視為理所當然，很少意識到他的重要，經常和他發脾氣，覺得和他在一起沒有共同話題，覺得兩個人之間缺少熱情；但如果有一天你發現再沒有人在你身邊嘮叨，沒有人關心你，或者在你生病時沒有人照顧你的時候，你會突然發現，自己已經失去了那個最愛自己的人。

　　劉志剛和王雪雪是一對剛結婚不久的夫妻，王雪雪對劉志剛管得挺嚴，劉志剛走到哪裡她都要問到哪裡，劉志剛對此很是厭煩，王雪雪卻樂此不疲。

　　結婚那天，王雪雪用買戒指的錢為劉志剛買了一臺手機。那天夜裡，兩人在被窩裡一遍遍地調試著手機的響鈴。他們覺得，生活就像這鈴聲，響亮、悅耳，充滿著憧憬和希望。從那時起，劉志剛常常接到王雪雪的電

話：「老公，下班回家時順便買點菜。」「老公，我想你，我愛你。」「老公，晚上一起去媽媽家吃飯。」劉志剛的心裡十分溫暖。

有一次，劉志剛手機忘了充電，又恰好陪主管和客戶，應酬到半夜才回到家，推開房門一看，發現妻子早已哭紅了眼睛。原來從劉志剛下班時間開始，王雪雪每隔一小時就打一次電話，結果都打不通。她更加著急，總以為發生了什麼意外，後來每隔十分鐘打一次，直到劉志剛推開家門，她剛把話筒放下。劉志剛對王雪雪的小題大作不以為然：「我又不是小孩子，還能出什麼事情？」王雪雪卻說有一種預感，覺得丈夫不接電話就不會回來了，劉志剛拍拍老婆的腦袋，笑了：「傻瓜！」不過，從此以後他一直沒有忘記及時幫手機充電。

後來劉志剛升遷了，有了錢，手機換了好幾部。突然有一天，劉志剛想起欠著老婆的那枚戒指，便興沖沖地拉她去百貨公司。可是王雪雪又猶豫了，說：「白金鑽戒套在手指上有什麼用啊？幫我買一臺智慧型手機好嗎？我可以經常用 LINE 跟你聯繫。」於是劉志剛就幫王雪雪買了一臺智慧型手機。

那天，他們一個在臥室，一個在客廳，互相傳著 LINE，玩得高興極了。

一天夜裡，劉志剛和同事去朋友家玩牌，正玩在興頭上，王雪雪打來了電話：「你在哪裡？怎麼還不回家？」「我在同事家裡玩牌。」「你什麼時候回來？」「待會吧。」劉志剛輸了贏，贏了輸，王雪雪的電話打了一次又一次。外面下起了大雨，妻子的電話又響了：「你究竟在哪裡？在做什麼？快回來！」「沒告訴你嗎？我在同事家玩，下這麼大的雨我怎麼回去！」「那你告訴我你在什麼地方，我來接你！」「不用了！」一起打牌的朋友都嘲笑劉志剛是「妻管嚴」，劉志剛一氣之下就把手機關了。

　　天亮了，劉志剛輸得兩手空空，朋友用車子把他送回家，不料家門緊鎖，王雪雪不在家。就在這時，電話響了，是岳母打來的，電話那頭哭著說：她深夜冒著雨出來，騎著自行車，帶著雨傘去劉志剛的同事家找，找了一家又一家，路上出了車禍，再也沒有醒來。

　　劉志剛打開手機的 LINE，只見上面有一條未讀訊息：「你忘記了嗎？今天是我們結婚紀念日呀！我去找你了，別亂跑，我帶著傘！」劉志剛淚流滿面，一遍遍看著這條簡訊，他覺得自己已失去了全部。

　　人生在世，最不幸的事莫過於「被人愛時不知道珍惜」，當那個帶給自己最多關愛的人突然離開後，才發現他對你是多麼的重要，有他在你身邊是多麼幸福。但是所有這些事後才明白過的道理都為時已晚。要珍惜愛你的人，就要把精力放到平時生活中。對於你身邊有打心眼裡愛你的人，你要用心去體會，去理解他的心思，去思考他到底需要的是什麼，對自己的愛人，你要用心去珍惜他，他為你做的一點一滴，不僅僅要用語言感謝他，還要牢牢地記在心裡，常想想他為了你而去改變自己，為了你放下面子去忍耐你的壞脾氣，去習慣你和他完全不一樣的習慣，去照顧你的時間和規律，都是他因為愛所付出的。他所有的這一切，不要等到失去之後才意識到，要學會珍惜愛你的人。

▌家庭需要愛心，更需要孝心▐

　　我們有了婚姻，走出父母的家庭，建立起自己的家庭時，父母也因為養育我們，耗盡了生命的心力，進入了老年期。這時候，就需要我們更盡孝心了。

　　孝心就是子女將人類天性中的敬愛獻給父母。通俗一點說，孝心就是

讓父母寬心，少讓父母操心、擔心，常常看望父母，關心父母身體，帶給父母快樂。

提倡尊老愛幼，講究孝道是傳統美德。這個世界美不美麗全看人有沒有愛心，而孝道中的「孝心」則是愛的重要部分。巴爾札克的《高老頭》（*Le Père Goriot*）深刻地揭露了這種冷酷的現實。高老頭的兩個女兒，依靠高老頭的金錢，一個高攀貴族，成了伯爵夫人；另一個喜歡金錢，嫁給了銀行家。她們出嫁時，每人得到了八十萬法郎的陪嫁，所以對高老頭極盡奉承阿諛之能事。但是不久高老頭就被攆出了女兒家的大門，在公寓裡過著窮困的生活。起初他還可以每星期去女兒家吃一兩頓飯，後來就連大門也不能進了，因為他的錢袋越來越扁了。高老頭死前想見女兒，哭天喊地，也是枉然。高老頭嘆道：「錢可以買到一切，買到女兒，倘若我留著家產，沒有把財產給她們，她們就會來了，會用她們的親吻來舔我的臉！」

當今人類社會，較之古代社會，不僅僅是物質文明的進步，精神文明也大有進步。然而，社會的進步，只不過表現出生產力更先進，生產關係更適應生產力的發展。並不說明社會完美無缺。先進和落後、真與假、美與醜、善與惡的鬥爭永遠貫穿著整個社會。無論是物質領域還是精神領域，社會是在矛盾和鬥爭中前進的。

我們每個人能否反思一下自己：在對待父母子女和親友，或鄰里朋友時，我們的愛心，我們的感恩之心，有多少？捫心自問，我們在某些稍許觸及自己利益的時候，是不是良心還在？為了眼前利益而忘記了過去有恩於我們的人？

愛是一種多麼震撼多麼偉大的感情，愛的力量可以說是世界上最偉大的力量。在人類社會中，「孝心」使得每個家庭幸福美滿，使得我們的生活充滿情調，更有意義。

第 05 堂課　婚姻─不是墳墓而是新的開始

第 06 堂課
財富 —— 要做金錢的主人，不做金錢的奴隸

無功不受祿，君子得財有道

　　賺錢似乎是個永恆的話題，錢既可以給人帶來地位和成就，也能使一個原本和睦的家庭家破人亡、妻離子散。就從整理而言，創造更多物質財富，是人類進步的動力，國家強大的基礎。對個人而言，愛財、取財也是發展自身、完善自我的一個重要條件。對於如何致富，古人早就有至理名言：君子愛財，取之有道。

　　讓自己成為富人的方法多種多樣。有巧取的、有豪奪的、有欺騙的、有訛詐的，甚至還有殺人搶劫的，這些多為不義之財，或者叫做取之不「道」。由此看來，由於古時候的法律不完善或者制度不健全，人們把取之有道的「道」字，主要是指道德、良心，關乎他人和社會責任。

　　「君子愛財，取之有道。」凡是透過非法手段得來的財富，當事人自己的內心是不會踏實的，因為那是透過非法手段得到的不義之財。現代社會，隨著人們經濟活動範圍的廣泛、內容的豐富，法律應該盡量詳細地規定人們在經濟活動中可以做什麼、不可以做什麼。取之有道的含義就是指一個人在創造財富的過程中，既講合法取財，又能以德取財，或兼顧社會責任，這樣得來的財富才能源源不斷。這樣我們的社會和個人就都能在良好的秩序中健康地向前發展。

　　「君子愛財，取之有道」是古人留給我們的寶貴遺產和忠告，它告誡後人取財必須要靠自己的辛勤勞動和汗水。在 21 世紀的今天，正可謂是三百六十行，行行出狀元，每個人都有充分展示自己才能的機會，也都有取財的途徑和方法，先知先覺者，可能已經成為致富的領先群，後知後覺者，可能剛剛入行，開始尋求發財的門路。無論如何，除非聖人，任何人都不會達到視金錢如糞土的至高境界，因為金錢可以帶給我們生活的富足

和享受，在人類開始享受物質生活的時候，恐怕金錢已經成為炙手可熱的搶手貨了，難怪常有人說，錢就是好東西，有了錢就有了一切。

人追求財富並沒有錯。財是養命之源，為了生活及生存，我們誰也離不開它，不過君子愛財，取之有道，應該是每個求財人的正確理念。道即路也，世上的道路千千萬萬，但總結起來無非是兩條：正道與邪道。你選擇了正道，努力奮鬥，遵紀守法，成功在握。你選擇了邪道，不但未發財反而破財，因財耗身，遭受滅頂之災。

為了生存，怎樣才能獲取應有的財富呢？那就是要透過自己辛勤的雙手去獲得，這才是明智之舉。因此，君子愛財，要取之有道。所謂道，就是要求我們每一個人走一條適合自己的正確道路，一條指導自己人生正確發展的康莊大道。

省錢比賺錢更重要

在經濟條件較好的情況下，沒有多少人去關心省錢的問題。然而，隨著近年來的通貨膨脹加劇，日常生活用品大幅漲價，合理的花錢和必要的省錢成為越來越多人關心的話題，這既是現實生存的需求，也是未來發展的必要。省錢不僅僅只是一種生活方式，更是一種生活態度，如果能夠做好的話，就會讓生活更加輕鬆。

錢是用來消費的，想要省錢，就必須先學會合理用錢，只有這樣，省錢才會更加自然，對於生活品質的影響最小。要省錢，就必須有計畫的花錢。生活中不論做什麼事情，沒有計畫是最危險的，因為那就意味著混亂和無序，資源得不到高效配置，經濟方面尤其如此。對於個人或家庭而言，也必須有計畫的花錢。比如說，每個月根據情況到大賣場採購生活用

品，這是為了生活需求，這些錢花的目的明確，並且合理。再比如：心情不好了，跑到酒吧點瓶洋酒，喝了一杯之後又不喝了，或者乾脆喝得不省人事，這也是一種交換，只不過是用錢買心情，買情緒釋放，但是並不是最好的方式，不僅傷錢，而且傷身，所以這種消費的目的並不合理。要想省錢的話，就應該確保錢花在合理的目的上，並且以適度的方式消費，這樣才會提高花錢的效率。富人錢生錢，窮人債養債。節省錢、尊重錢是很多富人的習慣。

　　一般而言，財務成功的途徑有兩個：一條是減少開支，另一條是增加收入，如果你夠聰明就應該雙管齊下。但很多人從來沒有意識到要節省，每個月領到薪水，逛一次商場就花掉一半，去兩趟超市又刷掉餘下的一半，結果連下半個月的生活費都成問題，不得不向老爸老媽申請援助，或者向身邊的親朋好友伸手⋯⋯

　　其實，對於我們大多數人而言，少花一塊錢要比多賺一塊錢容易得多。這也就說明了，節儉比賺錢更容易。但對於現今的許多人，可能是從小就揮霍無度慣了，要養成節儉的習慣有些難了，也有一部分人不懂節儉，是因為害怕節儉會降低自己的生活品質，讓自己在朋友面前抬不起頭。

　　呂冰冰畢業後在一家外資企業工作，每個月的收入不錯，算得上是「高薪族」了，可是她的日子並沒有別人想像中的富足，而是越來越拮据。

　　由於是知名大學畢業，還是博士，於是總想著要勝過別人，自然穿戴方面也要比別人好，所以她買的衣服大都好幾萬，再加上工作的地點和住的地方都是市中心蛋黃區，所以一有空就上街，看到喜歡的東西就止不住花錢的慾望，結果總是讓鈔票被刷卡機「吃掉」。

　　再看她的房間裡，經常放著一堆用不完的化妝品和換不完的衣服、飾品。

很多時候，我們的錢就是這樣被無意中浪費掉的。因此，那些剛進入職場的人不要抱怨自己的薪資低，存不了錢，感到前途一片渺茫。現在要做的就是努力學習，把所學的理論運用到實踐當中去，社會永遠是一所大學，它讓你學到的知識遠比你在學校學到的重要得多。現實生活中，除了要省錢以外，還應該把自己的債務好好做一下規劃。一般人認為的理財專指的是投資，與負債無關，但恰恰是他們不關心的資產負債問題才是理財的關鍵之處。理財的目的就是把你的資產和負債結構合理化。其中要考慮的是你資產的流動性、成長性和穩定性，以及你負債的好壞。如果你只有一點資產，一旦有緊急事件發生，就很容易使自己陷入了困境。再有就是很多人其實並不知道他們理財是為了什麼，他們的目的很簡單，只要錢多了，他們就覺得滿意了。但實際上，你的理財計畫是必須根據您的理財目標和時間長短來制訂的。理財的一個很重要的方面，就是讓你的收入與資產為你的理財目標和時間服務。確切的說，就是要把你的資產結構調整成為適合你的理財目標與你的時間要求。

對於現代人來說，既要努力賺錢，也要合理花錢。因為只有收入的增加，才是提高經濟生活品質的根本保障，只有錢花得高效有規劃，才能夠讓最少的錢去辦最多的事。省錢是為了明天更好的生活，而不是單純為了省錢而省錢。

所以，我們提倡節省，就是要進行理智、健康的消費，適度提高生活品質，杜絕盲目消費。其實，要做到這一點，只需我們稍加控制常規支出就可達到。下面有一些減少支出的小方法，對你會有一些幫助：

· 開列購物清單，並索要收據或發票，便於分類還有可能獲得額外的獎勵。

· 更換最實惠的通訊方案。弄清楚行動資費規則，比較出最適合自己的一種方案。

· 將冷氣溫度設定在 26 度以上。

· 檢查所有的帳單，看是否計算有誤。人人都會犯錯誤，要求你付帳的人也不例外，錯誤可能是無意的，也有可能是有意的，所以要睜大眼睛。

· 如果有東西只用幾次就不會再用，那你最好向朋友借或租用。

· 將不用的東西分類，賣給不同需求的人。把東西放到拍賣網站轉讓或者是二手市場都比賣掉破爛或扔掉要好得多。

· 最好在家裡用餐，因為出去吃一頓飯的錢可以在家裡吃好幾天。

· 收集購物優惠券。

· 留意商場的促銷活動。

· 不要過於依賴名牌，自信來自穩定的財務狀況而非名牌服飾或用品。

· 警惕速食食品，它們即昂貴又不利於健康。

· 購物時要貨比三家，慎重選擇。

· 不要經常買樂透，因為你被雷擊中的可能都比中獎的可能大。

· 每天抽出 1 元扔進你的存錢筒。

· 不要把 50 元以下的零錢放在錢包裡，每次回家後把它們扔進存錢筒。

· 在冬天買夏天的東西。過季的商品常常並沒有品質問題，而價格真的便宜很多。

· 不要一看見便宜貨就頭腦發熱，如果買回一大堆不需要的便宜貨，即浪費又占空間。

· 盡量搭公車、捷運，或是騎腳踏車。

· 適時選擇團購，因為團購的商品要比超市中的便宜很多。

總之，你必須牢記：減少不必要的開支就等於增加了收入！但值得注意的是：我們這裡所說的「省」並不是要我們為了存錢而頓頓吃從超市買回來的泡麵，或者是天天稀飯、饅頭，而是要我們控制好自己對錢財需求的底線。該省的錢一分都不能浪費，不該省的錢一分都不能省。

不要成為金錢的奴隸

金錢的誘惑力很大，成為人們習慣爭取的東西。如果沒有正確的金錢觀念，絕對會被金錢打敗。

金錢，對於貪婪的人來說，在他們的習慣中永遠沒有滿足的時候。人生離不開錢，但也不能只著眼於錢。莫讓金錢遮住眼，走出錢眼天地寬。

世界上最愚笨的人，就是那些只是為了薪水而工作的人。除此以外，你應該還有其他需求，一種滿足無限高尚欲望的要求。那就是，想成為一個正直的人，想盡你最大的努力去做正直的事，公平之事的人。

一位成功者對涉世不深的年輕人說過這樣一段話：「在初入社會的時候，不要太顧及你的雇主所給你的薪水是多少。你對此不如去想一想你自己還可以從中獲得各種可能的薪水，如技巧的提高，經驗的累積及整個生命的充實等各方面。」

老闆給我們提供的工作，只是我們用來塑造品性與人格的機會和條件。那是一所訓練才幹、弘揚精神、發達智力的實驗學校，而不是用來從中榨壓出金銀的石磨。

一個人一旦只是為了薪水而工作，除此之外便沒有了其他較高的動機，那這個人將面臨許多品格劣勢，而受此欺騙最屬害的正是他自己。他就是在日常工作的量與質中欺騙了自己。這種因欺騙而蒙受的損失，縱使

他日後怎樣奮起直追，努力振作，也是永遠無法補償的。

　　你在工作中投入的量與質，可以決定你的整個優勢。不管薪水如何菲薄，只要你對一切工作都願付出至善的服務、至高的努力，而不是自安於「次好」與「較低」，你是否具備這種精神，將決定你是成功者還是失敗者。

　　我們常常看見，許多很有作為的人，他們在低微的薪水工作多年後，會突然像變魔術一般，跳上一個高級而負重任的位置，為什麼？就因為在他們的雇主每星期只給他們極少薪水的時候，他們卻正在累積使他們終身受益的工作經驗：做事能力的增加，經營手段的進步。

　　許多人會因所得的薪水，在他們自己看來低於他們的應得報酬，於是在工作時，刻意使工作的量與質剛好與雇主所付的薪水相等，就這樣將薪水以外的種種巨額回報給拋棄了。他們對待工作，故意採取一種躲避不及、越少做越好的態度。他們不想去獲得那些比現金更重要的薪水；他們寧願坐視自己人格、能力的退化，使自己成為一個狹隘、小器、無效率迂腐的人；使自己的生命與宏偉、尊貴、高大等成分毫不沾邊。

　　他們的才幹，他們獨當一面的能力，籌劃設計的能力，他們的機智，與那些可以使他們居人之上，使他們成為偉人的素養，都將因此而處於休眠狀態。就在他們只是提供吝嗇服務，刻意使之與薪水相等的時候，他們卻是在阻礙自己的專長，攔阻自己的前程，從而使他們自己終身只做半個人，而不是整個人；使他們自己成為一個卑小、狹隘、無用的人，而不是一個精神上崇高、完備的人。

　　其他方面的成功如此，藝術創作上的成功也是如此。巴爾札克是金錢的追逐者。他一生都在追求金錢，但金錢卻未光顧他，使他成為百萬巨富。但可貴的是，巴爾札克沒有成為它的奴隸。

《人間喜劇》（*la Comédie Humaine*）作為一部社會風俗史，它反映了封建貴族和資產階級上升的歷史，特別深刻地揭露了資本主義的「金錢關係」，正如巴爾札克自己所說的：「寫盡金銀底下的醜惡。」在《人間喜劇》中，巴爾札克深刻刻畫了金錢所具有的毀滅性和逼人腐化墮落的魔力，並將其作為全部作品的中心主題。正如丹麥評論家布蘭德斯所說：巴爾札克小說中的真正主角是誰呢？是沒有姓名沒有性別的英雄——在資產階級社會無孔不入、無所不在的權力——金錢。正是「金錢權力」這個角色成為《人間喜劇》情節發展和人物活動的推動力，決定了人物的關係和命運。

在那個金錢決定一切的時代，巴爾札克命中注定要在金錢的魔影中生活，他無法選擇，無力超脫。但是，難能可貴的是，巴爾札克是「為寫作而謀生，絕不是為謀生而寫作。」

巴爾札克一生都在和金錢打交道，他整個一生是靠欠債度過的。他從青年時代經營出版印刷業破產負債開始，接連不斷的商業、企業經營上的慘敗，破產與敗訴的打擊，以及他的不善理財，不善節儉，收支紊亂，使他一直是舊債未了又累積新債，債臺高築，至死都未能還清。高利貸商人和債務監獄的執行官吏追著他跑。他發出無奈的哀嘆：「我差一點失去麵包、蠟燭、紙張。執行官吏迫害我像迫害一隻兔子，甚至比兔子還厲害。」債務的陰影時刻籠罩在他的頭上，使他一放下出神人化的神奇之筆，「回到冷酷的現實」，便感到心悸不安。為了躲債，他和債主們巧妙周旋。為了逃避執達吏的追捕，他挖空心思地隱藏行蹤。人常說「狡兔三窟」，巴爾札克的藏身之處何止三處。

更為有趣的是，一天夜裡，一個小偷爬進了巴爾札克的房間，在他的書房裡亂摸。巴爾札克被響聲驚醒，他一邊悄悄地爬起來，點亮蠟燭，一

邊十分平靜地微笑著對那個驚慌失措的窮小子說：「親愛的，別找了，我白天都不能在這書桌裡找到錢，現在天黑了你更別想找到啦！」

在這裡，我們顯然發現，當一個人面臨金錢的考驗的時候，他的個性會明顯地反映出來 —— 是貪婪者，還是豁達。

常言道，欲速則不達。只為錢而活著，肯定就是一種變態的心理，自然會決定一生的行為都是為錢所左右。這種人沒有第二條路可走，會在金錢面前變成奴隸而挫敗自己另外一種有價值的目標。

第 07 堂課
挫折 —— 人生最大的金礦是苦難

｜並非每一次不幸都是災難｜

有這樣一種觀念：成功講究天時、地利、人和。自己有才能，沒有機會不行。機會的得來，就是天時，但有機會，還得有人推動，這就是人和。家長是官員、軍官等階層的，機會多，成功的條件多，往往一句話頂上千軍萬馬，想到什麼公司就到什麼公司，想當什麼主管就能當什麼主管。大咖的子女，多是貴族學校出身，才能有點，錢多點，老爹認識的老闆多點，至少安排個工作很簡單，出頭的機會有，但當不上大主管，因為主管不會讓他凌駕於自己頭上。成功靠背景，成功看出身，這是絕對的嗎？

其實，凡是成功了的都不一定是英雄豪傑，沒有成功的也不是永遠的平民百姓，社會人才輩出，從來都不分高低貴賤。現實生活中，充滿著挑戰，充滿著機遇，對於每個人來說都是公平的競爭。如果你盡心盡力地面對每一次挑戰，抓住每一次機遇，努力地掌握也許會帶給你出乎意料的驚喜。

有哲人說：「如果你不想受挫折，那麼除非你夭折。」這句話雖然殘酷，但卻是現實人生的真實寫照。人生雖然並不像某些弱者說的那樣舉步維艱，但人生之旅充滿了無數的挫折關卡，卻是誰都無法否認的事實。但是不要忘了，哲人的本意卻是讓我們正視挫折，挑戰挫折。就像拿破崙·希爾（Napoleon Hill）說的那樣：「失敗絕不是致命的，除非你認輸。」雖然追求成功和財富的路上有著千難萬險，但是只要越過難關，你必然會收穫「一覽眾山小」的心曠神怡。

1973 年，由於中東爆發了石油危機，使得能源嚴重依賴進口的香港經濟遭到重創，一時間百業凋敝，失業人群陡增。正所謂「幾家歡喜幾家愁」，困惑之餘，人們只好向預測學大師們求助。

這一天，一家著名的命相館迎來了一位男客，只見他蓬頭垢面、滿面

愁容，還有一手的油汙，50 歲上下。他誠懇地請大師為自己指點迷津，趨吉避凶，誰知大師看了半晌搖搖頭說：「你的命相與富貴無緣。你應該踏實下來找份工作，做個上班族 —— 你不適合創業。」

換了一般人，一定會意志消沉地聽從大師的建議，但他卻不，大師的話反倒激發了他的鬥志，最終他憑著超乎常人的信心和毅力，扭轉了逆境，成了一位不折不扣的「造命人」。他就是香港震雄集團的已故創辦人蔣震先生。

蔣震的創業事蹟恰到好處地印證了我們的開篇之語：失敗非常正常，失敗並不可怕，最可怕的是不能在失敗中奮起。如果你是雄鷹，你遲早會搏擊長空；如果你是駿馬，你必然能馳騁萬里；如果你是鑽石，你總有一天會發出炫目的光芒。

所以，要感謝並回敬那些生命中的苦難和壓力。經歷了挫折的洗禮，你才能變得更強大；勇於給失敗迎頭一擊，你才能更進一步地接近成功。

每一種創傷，其實都是一種力量

人生一世，無人能避免地遭遇困難、遭受不幸。關鍵是我們如何去看待、如何去面對這些困難和不幸，當不幸降臨時，我們不能一走了之，而應該勇往直前，最終戰勝逆境，成就自己。

海水有潮漲潮落，人生也有高低起伏，我們總是幻想自己的人生能夠一直處在巔峰，但是卻不能如願以償，即使是我們想始終擁有平凡的生活也未必能夠如願，也許不知道在哪一天，我們就會跌入人生的低谷。比如：當我們正過著朝九晚五的正常生活的時候，突然查出自己生病；當我們正處在事業輝煌期的時候，一場金融危機讓我們的事業化為烏有。在這

種情況下，我們的生活必然會一片狼藉。

　　我們不願意這樣，但是生活就是這般無奈，有時讓我們痛苦不堪。然而，痛苦歸痛苦，我們不能因此而自暴自棄，畢竟生活還要繼續。只要我們能夠挺起胸膛，我們一定還可以從生命的低谷慢慢地爬上山峰。而且有的時候，突然的逆境也並非是絕對的壞事，它能夠讓我們警醒，使因生活太好而慢慢慵懶的心重新振作起來。法國化學家維克多·格林尼亞（Victor Grignard）就是一個透過逆境成長起來的成功者。

　　西元 1871 年 5 月 6 日，法國美麗的海邊小城瑟堡市，一家很有名望的造船廠業主的家裡，一個名叫維克多·格林尼亞的小男孩出世了。哪個父母不疼愛自己的孩子，更何況家裡經濟條件又這麼好。於是孩子想要什麼就給什麼，一切都聽孩子的。

　　到了上學的年齡，父母早早就送他去上學，希望他成為一個有知識、有教養的人，而且還請了家庭教師輔導。無奈格林尼亞已經養成了嬌生慣養、遊手好閒的壞習慣。小學、國中從來就不知道好好學習，當然也沒有學到什麼知識。更糟糕的是父母管不了，別人也不敢管。又有誰願意得罪這位財大氣粗的老闆呢。

　　西元 1892 年秋，維克多·格林尼亞已經 21 歲了，他仍然是整天無所事事，尋歡作樂。一天，瑟堡市的上流社會舉行舞會，無事可做的格林尼亞自然不會放過這個機會。在舞場上，他發現坐在對面的一位女孩美麗而端莊，氣質非凡，在瑟堡市是很少見到的。格林尼亞很瀟灑地走到這位女孩的面前，微施一躬，習慣地將手一揮，說道：「請您跳舞。」

　　女孩端坐不動，似乎頗有心事。格林尼亞進身細語道：「小姐，請您賞光。」女孩微微轉動了一下眼珠，流露出不屑一顧的神態，用手指著格林尼亞說：「請快點走開，離我遠一點，我最討厭像你這樣不學無術的花

花公子擋住我的視線！」

這當頭棒喝打得格林尼亞有點不知東南西北了。他氣、惱、羞、怒、恨，五味俱全，一時竟站在那裡不知如何是好。

知恥近乎勇。格林尼亞離家出走來到里昂，他深知得到讀書的機會來之不易，眼前只有一條路就是努力、努力、再努力；發憤、發憤、再發憤。當時學校有機化學權威巴比爾看中了他的刻苦精神和才能，於是，格林尼亞在巴比爾教授的指導下，學習和從事研究工作。

1912 年瑞典皇家科學院鑒於格林尼亞發明了格氏試劑 R-Mg-X，對當時有機化學發展產生的重要影響，決定授予他諾貝爾化學獎。

一個人犯錯誤並不可怕，怕的是沒有自尊，不知羞恥。美女罵倒了一個紈褲子弟，罵出了一個諾貝爾獎獲得者。

決定一個人生活最關鍵的要素不是上帝的安排，而是自己的選擇。只要我們能夠勇於向命運抗爭，那麼就一定能夠擺脫缺陷帶來的困擾，和其他人一樣擁有同樣精彩的人生。音樂家路德維希・范・貝多芬（Ludwig van Beethoven）耳聾，有著生理上的缺陷，但是他卻沒有向命運屈服，緊緊地扼住命運咽喉的時候，就戰勝了上帝。

上帝總是很吝嗇的，他從來都不會把所有的好處都送給一個人，無論你多麼聰明、智慧，上帝總是會給你製造一些麻煩。只要我們不以缺陷為意，缺陷就不會對我們的生活產生影響。

世界著名科學家史蒂芬・霍金（Stephen William Hawking）在回答記者的提問時曾經這樣說：「我的手指還能活動；我的大腦還能思維；我有終生追求的理想；我有愛我和我愛著的親人與朋友；對了，我還有一顆感恩的心……」一個人，只要是上帝沒有完全剝奪你所有的能力，那麼你就依然有能力掌握自己的人生，讓自己的生活過得精彩。

‖不經歷風雨，焉能見彩虹‖

「人生是一杯苦酒」、「生活是一團亂麻」、「活著太累了」……說到人生，人們首先想到的就是這些消極的形容詞。必須承認，這絕不是所謂的「無病呻吟」，無論我們怎麼樂觀，多麼沒心沒肺，但生活強加給我們的痛苦卻是明擺著的：挫折、羞辱、失業、失戀、失親、疾病、沒錢、沒房、沒車、沒名、沒希望、沒前途、沒尊嚴、沒人理解……男兒有淚不輕彈，只因未到傷心處。如果不能設身處地的去理解別人的痛苦，就站在那裡唬弄什麼開朗、樂觀、堅強、自信，無疑是一種不負責任的表現。

其實，承認人生有痛苦，就好比我們必須承認金錢是現代人生活的支柱一樣，雖然有點「不光彩」，但這種坦承卻自有它的價值。不肯承認人生有痛苦，恰恰說明你極有可能是在逃避痛苦。而真正的快樂，則源自於我們對痛苦的領悟，而不是迴避和掩飾痛苦，更不是強作歡顏。我們應該直視痛苦，轉化痛苦，像接受滾水洗禮的茶葉一樣，痛並快樂著接受人生給我們的考驗。

某山有座古寺，寺內高僧佛法精深，度人無數。這天，一個失意的年輕人來到寺中，要求高僧幫他剃度，皈依佛門。

「我看施主塵緣未了，還是請回吧！」高僧勸道。

年輕人沮喪地說：「禪師，我屢屢失意，連連受挫，您為什麼不肯收我為徒，讓我跳出苦海呢？」然後，年輕人一邊嘆息，一邊向高僧訴說自己的遭遇。

高僧靜靜地聽著，如同入定一般，直到年輕人說完，仍然不發一語。年輕人很奇怪，問道：「禪師為何不說話？」

高僧並不回答，只是吩咐身邊的小和尚：「這位施主遠道而來，速去

燒一壺溫水送來。」小和尚答應一聲，轉身離去。

不一會兒，溫水送到，高僧抓了一撮茶葉放入杯中，然後注入溫水，放在年輕人面前，微微一笑，道：「施主，請用些茶。」

年輕人一看，杯中之水半開不開，杯中茶葉全部浮在水面上，一看就沒有泡開，於是問道：「請問禪師，貴寺怎麼用溫水泡茶？」

高僧微笑不語，只是重複道：「施主遠道而來，口中必定飢渴，先請用些茶吧。」年輕人只好端起杯子，輕輕喝了兩口。

「請問施主，這茶可香？」高僧問道。

聽到詢問，年輕人又喝了兩口，細細品味一番後，搖頭說道：「這是什麼茶？一點茶香也沒有。」

高僧笑笑說道：「此茶乃是名茶鐵觀音，怎麼會沒有茶香？施主不妨再飲。」

年輕人心說，的確是沒有茶香啊！他端起杯子，又喝了兩口，再三品味，仍然沒有茶香。這次，他肯定地說：「真的沒有一絲茶香。」

高僧又是一笑，再次吩咐小和尚：「燒一壺沸水送來。」小和尚聽命而去。

不一會，一壺冒著熱氣的沸水送到。高僧又取來一個杯子，放入茶葉，然後提壺注入少許沸水。年輕人一看，杯中茶葉上下沉浮，頓時便有一絲茶香侵入鼻間。

茶香誘人，年輕人禁不住伸手去端杯子。卻聽高僧說道：「施主稍候。」說罷提起水壺，再次注入一縷沸水。這一次，杯中茶葉上下沉浮得更加迅速雜亂。同時，一縷更醉人的茶香隨水汽騰出杯子，剎那間滿室清香。

年輕人見了，不禁嘆服高僧茶道精妙。

　　就這樣，高僧連續往杯中注水五次，杯子將滿未滿，一杯碧綠，滿室生香。

　　高僧笑道：「施主請用此茶。」

　　年輕人端起杯子，淺酌慢飲，頓時唇齒生香，更是讚不絕口。

　　「施主可知道，為何同樣是鐵觀音但茶味迥異？」高僧問。

　　年輕人答道：「大師先用溫水，後用沸水，應該是用水不同吧。」

　　高僧會心一笑：「不錯。茶道首重茶質，次重用水。用水不同，茶葉沉浮就不同。用溫水泡茶，茶葉浮在水上，不經沉浮，茶香就不會散逸。用沸水泡茶，再掌握一定的技巧，茶葉上下浮沉，反覆多次，自然就會釋放出春雨之清幽、夏陽之熾烈、秋風之醇厚、冬霜之清冽。施主，人生亦如茶道，必經沉浮，方可成大器。施主有心向佛，則無處不是三寶地。施主，請回吧！」

　　人生如茶，茶如人生。不經歷風雨，人生就如同溫水沏茶，淡而無味；經歷了滄桑，正好像沸水沏茶，沉浮之間自有一縷清香。哲人說：「不要抱怨我們遍體鱗傷，因為我們選擇了遠航。」世事浮沉、人生無常，也許恰恰是我們的機會。與其在失意中沉淪，自己把自己打敗，何不把自己當成一杯好茶，讓挫折釋放我們的魅力，讓苦難把我們變得更加芬芳！

第 08 堂課
友誼 ── 人無法自己活

｜人生得一知己，足矣｜

　　生活中，每個人都需要朋友，每個人都離不開朋友，朋友的重要性是不言而喻，顯而易見的。沒有人能獨自在人生的大海中航行，沒有人能在缺少朋友的世界中生活，選擇什麼樣的朋友，就是選擇了什麼樣的人生。

　　了解你的人才能做朋友，只有洞察你弱點的人，才可能成為你忠實的朋友。友情的深淺，不僅在於朋友對你才能的欽佩程度，更在於他對你弱點的容忍程度，比你強的人成不了你的朋友；比你弱的人，你又不屑與他做朋友。只有與你各方面都差不多的人，才最容易成為你的朋友。因此，誰是你的朋友，誰就是你的生命尺度。

　　真正的朋友並不長相廝守，反而表現的十分清淡，即使相隔多年未曾謀面，一朝相會兩個人的心靈便立即交織在一起，無須任何寒暄與過渡，雙方就能融為一體。我們無法想像沒有朋友生活會是什麼樣子。日常生活中，我們會因一時的衝動和同學、同事之間發生一些小矛盾，讓自己的心理非常壓抑，此刻，你就需要向朋友傾訴自己的煩惱，釋放自己的壓力。一個人不管有多少學識，多大成就，如果不能與別人一起共存、不能培養對他人的同情心，不能對別人的事情發生一點興趣，不能幫助別人，不能與他人分擔痛苦、分享快樂，那他的生命必將孤獨、冷酷、毫無樂趣。

　　我們應該多和超過自己的人交朋友，和一些經驗豐富、學識淵博的人接觸交往；這樣就能使自己在人格、道德、學問等方面受到薰陶，使自己具有更加完美的理想和情操，激發自己在事業方面的努力。這種力量往往是無法估量的，其激勵作用、創造力和破壞力都是巨大的。如果你和懶惰者為友，就會不斷地減弱自己的精神水準和工作能力，使自己的意志和理想墮落；與一個能激發我們生命中美善部分的人交往，其價值要遠勝於獲

得名利的機會，因為這樣的交往能使我們的力量增加百倍。所以，社會交往和與他人的溝通交流中都蘊藏著巨大的效益。一個性情要強的人習慣於依靠自己而不信任他人，在危難時，他寧可自尊的毀滅也不願向別人呼救；在志得意滿時，他那鋒利的個性常常傷害距離他近的人，他天性中有一股強烈的排他性，使周圍的人被他吸引又被他驅開。他的朋友只能是聳立在天邊的另一個強者。他們都不願相互走近，只要彼此遠遠地看一眼，雙方就能吸取對方的力量。

　　朋友越多，你就得更多的為朋友忙碌，也就是將自己的生命讓朋友分享，而忙碌的結果就是朋友越忙越多；如果你是一位不願在此方面付出的人，很有可能連過去的朋友也會逐漸消失。不願將自己與朋友分享的人，雖然保持了自身的完整，也會陷入孤獨之中，完整本身就意味著孤獨。

　　所謂為朋友忙碌，其實就是為自己忙碌。因為每次忙碌都包含著一種信任與期待，也許有一天朋友也會為自己忙碌。友情是一種儲蓄。儲蓄友情的人不但渴望它保值，更渴望它會增值。即使他不把儲蓄的友情提取出來使用，那也是一筆招之即來的巨大財富，它會在你最需要的時候幫助你。

　　「管鮑之交」是一個流傳千年的美談。這裡的管鮑是指春秋時期的政治家管仲和鮑叔牙，兩人是好朋友。管仲比較窮，鮑叔牙比較富有，但彼此間相互了解、相互信任。管仲和鮑叔牙早年合夥做生意，管仲出很少的本錢，分紅的時候卻拿很多錢。鮑叔牙毫不計較，他知道管仲的家庭負擔大，還問管仲：「這些錢夠不夠？」有好幾次，管仲幫鮑叔牙出主意做事，反而把事情搞砸了，鮑叔牙也不生氣，還安慰管仲，說：「事情辦不成，不是因為你的主意不好，而是因為時機不好，你別介意。」管仲曾經做了三次官，但是每次都被罷免，鮑叔牙認為不是管仲沒有才能，而是因為管仲沒有碰到賞識他的人。管仲參軍作戰，臨陣卻逃跑了，鮑叔牙也沒有嘲

笑管仲怕死，他知道管仲是因為牽掛家裡年老的母親。後來，管仲和鮑叔牙都從政了。當時齊國朝政很亂，王子們為了避禍，紛紛逃到別的國家等待機會。管仲輔佐在魯國居住的公子糾，而鮑叔牙則在莒國侍奉另一個齊國公子小白。不久，齊國發生暴亂，國王被殺死。公子糾和小白聽到消息，急忙動身往齊國趕，想搶奪王位。

兩支隊伍正好在路上相遇，管仲為了讓糾當上國王，就向小白射了一箭，誰知正好射到小白腰帶上的掛鉤，沒有傷到小白。後來，小白當上了國王，也就是歷史上的「齊桓公」。

齊桓公一當上國王，就讓魯國把公子糾殺死，把管仲囚禁起來。齊桓公想讓鮑叔牙當丞相，幫助他治理國家。鮑叔牙卻認為自己沒有當丞相的能力。他大力舉薦被囚禁在魯國的管仲。鮑叔牙說：「治理國家，我不如管仲。管仲寬厚仁慈，忠實誠信，能制定規範的國家制度，還善於指揮軍隊。這都是我不俱備的，所以陛下要想治理好國家，就只能請管仲當丞相。」齊桓公終於被鮑叔牙說服了。最後，在管仲和鮑叔牙的合力治理下，齊國成為諸侯國中最強大的國家，齊桓公成為春秋時期的第一位霸主。

「千金易得，知己難求。」人生得一知己足矣！這種對朋友數量的最低要求，恰恰是對朋友品格的最高期待。與朋友相交，還要保持一定的距離，在這個距離上，既不能冷落了朋友也不能損失自己的獨立；因而，與朋友相交是一種心靈的藝術，距離恰當了，友誼就能更為長久。有了朋友你就不孤單，有了朋友你就不寂寞。一個人的快樂兩個人分享，就變成兩份快樂。一個人的悲傷兩個人分擔，就變成了一半的悲傷。朋友可以在一起玩，在一起溝通，在一起討論問題。有什麼不開心的事可以傾訴一下，熱情的問候、真誠的關懷、善解人意的體諒、獨到精闢的觀點，語重心長的開導，能使你心情豁然開朗，跳出煩惱的圈子去面對生活，面對人生。

｜「兄弟義氣」多小人｜

　　談兄弟義氣，首先要弄清什麼是「兄弟義氣」？「義氣」有著悠遠而獨特的歷史，可以說一個「義」字就是一部戰爭史。「歷史上的農夫起義和農夫戰爭的規模之大，是世界歷史上所僅見的。封建社會裡，只有這種農夫的起義和農夫的戰爭，才是歷史發展的真正動力。」由於歷史的特殊性，在歷代封建王朝的後期都爆發過農夫起義，這些農夫起義軍的領導人大多是靠一個「義」字來成事的。《水滸傳》中梁山泊一百零八名好漢聚會議事的場所叫「聚義廳」；還有歷史上有名的劉備、關羽、張飛的「桃園三結義」。以「義」為關鍵的組織，反映「義」的事件、人物，真可以說是滿載史冊。「義」的種類有很多，有民族大義、人倫大義、兄弟之義、朋友之義等等。為大義者，當勇往直前、不計生死；為小義者，要分清是非，選擇最穩當的辦法來解決。義氣加上了「兄弟」二字，就更加標明「義氣」的內容，即是為「兄弟」的「義氣」。兄弟義氣是一種狹隘的小團體意識，它最大的特點就是只講交情，不講是非，為了所謂的義氣，甘願為朋友「兩肋插刀」，這種做法不僅會害自己，還會害朋友，帶給國家和社會危害。這些人的所作所為看似為了「兄弟」，其實是為了自己，當「兄弟」危及到自身的時候，他們便不惜犧牲「兄弟」而保全自己了；然而，迷信「兄弟義氣」的人往往看不到這一點，常被「兄弟」表面的信誓旦旦所迷惑。到頭來，吃虧倒楣的還是自己。

　　和士開是北齊人，其父和安，出仕於東魏，「恭敏善事人」，為人非常狡猾，很有一套恭維巴結皇帝的手腕。也許是有其父必有其子，和士開的奉承拍馬功夫真是青出於藍勝於藍，遠遠超過了他老爹，北齊天保初年，高湛得寵，被進爵為長廣王，和士開見高湛未來當皇帝的可能性很

大，便想方設法接近巴結高湛，為自己將來的進官加爵之路鋪平道路。

高湛性好「握槊」，這種遊戲便是象棋的起源。恰好和士開也精於此道，於是他便找機會與高湛遊戲。二人棋逢對手，總是鬥得難分難解，越玩越上癮，次數越加頻繁。

高湛還喜歡音樂，恰好和士開又能彈胡琵琶，他經常為高湛彈曲，興致高時，還往往邊彈邊唱，那清歌妙曲，讓高湛無比著迷。

高湛性喜談笑，而和士開生就一副伶牙俐齒，於是便經常陪高湛胡扯閒說，和士開的甜言蜜語和淫詞穢談，更使高湛開心，二人越談越投機，大有相見恨晚的感覺。

北齊皇建二年（561 年），孝昭帝駕崩，高湛繼承大位，是為武成帝。和士開長期企盼的日子終於來到了。本來，高湛在繼位之前與和士開的關係已經火熱，即位之後，和士開對他更是「奸諂百端」，因而武成帝高湛視之如腹心，倚之如股肱，和士開得寵的程度，可謂是世間少有。

和士開受到武成帝高湛如此寵愛，照理該滿足了，可是他仍繼續施展各種手段，進一步鞏固和加深皇帝之寵。武成帝患有「氣疾」，即「疝氣」，這種病最怕飲酒，但他嗜酒如命，越飲病越重。武成帝雖然一向對和士開言聽計從，但唯獨在飲酒問題上則每諫不從。一次，武成帝氣疾發，又要飲酒，和士開淚下不能言。帝曰：「卿此是不言之諫。」固不復飲。和士開僅用哭泣抽噎的微小代價便換取了武成帝的莫大好感，這與他慣常使用的甜言蜜語具有異曲同工之效。

如果你以為和士開的這一表現是出於對武成帝的一片關懷之心，那就大錯特錯了。實際上，勸武成帝戒酒並不是他的目的，透過此舉邀寵以求富貴權勢，這才是他的真正用意。世界上最難測度的是無恥小人之心，代表著人類真誠感情的眼淚也照樣可以被他們所褻瀆，用來為其不可告人的

目的服務。如果和士開以淚勸諫出於真誠，那他就絕不會把姦淫的魔掌伸向皇宮後院，將武成帝的皇后占為已有了。

武成帝的皇后胡氏，本是一個水性楊花、放縱淫蕩之人，加上武成帝素來荒淫，三宮六院，居無定所，較少與之相陪，因而胡皇后更感到寂寞難捱。

和士開深明「狡兔三窟」之理，單是武成皇帝的傾心信賴，還不能令他滿足。胡皇后喜歡干預政事，和士開早就想拉她作為內援，他正覬覦著機會。當他了解到胡皇后的寂寞後，便決定趁虛而入。

和士開有意挑逗，因而進展十分順利，很快勾搭成奸。可嘆那武成帝對和士開如此恩深義重，而和士開卻毫不客氣地給他戴上了一頂「綠帽子」。可見禮義廉恥對和士開之流，是毫無約束力的。為達個人目的，他們可以不擇手段，這是常人無法理解的。

武成帝的恩寵對和士開達到了無以復加的地步，但和士開對武成帝的回報卻是一頂「綠帽子」，小人的貪慾如此顯現，便從此一發不可收拾了。

俗話說小人難防，但小人卻有自己的「特徵」，對你投其所好，嘴甜如蜜者，這種人十有八九是小人，所以做人得用點心思，識破小人的嘴臉，別等到真上當時就後悔莫及了。

為朋友兩肋插刀，這種義氣誰都有。義氣是做人交友的原則，但我們往往看到，有些人僅為了義氣就失去了理智和「心機」，這是非常危險的做法。義氣也有原則，講義氣也要有所取捨，盲目的義氣要不得。

其實，我們為人處世有兩條原則，一是以做好事為標準，二是以處好人為標準。有人把前者作為最終目標，而有人卻以後者為目標。如果以後者為目標，那麼他的一切將以討好別人為出發點，以情面為準則，這種人是肯定做不成好事的。光憑義氣行事的人就是以處好人作為他畢生的目

標，似乎一輩子有許多兄弟朋友誇他夠義氣，他也就心滿意足了。這是很不足取的。

俗話說：「在家靠父母，出外靠朋友。」朋友間的互相幫助也無可厚非，但如果其中摻入「義氣」兩字，就會發生危險。有的人能清醒、理智地對待問題，那麼當互幫互助和原則問題發生衝突時，就能以遵守法則為重；而如果一味以義氣為重，那就可能冒犯法，到頭來是害了自己。這樣的例子是不勝枚舉。要把義氣之害減到最低程度，首要的任務是學法，把法律牢牢地記在心頭，當你衝動的時候，它會及時澆水滅火，讓你害怕，讓你清醒。

其次，要養成不輕易承諾的習慣。有些人是因為要面子而隨口承諾別人，然後為保面子而鋌而走險，結果是丟大面子。所以要保面子就要捨得丟小面子，在開始的時候要考慮清楚；有時，猶豫一下是好事。最後，要勇於拒絕別人。如果明擺著此事要冒險，那就該想想：對方不顧我的安危讓我去犯法，這是不夠朋友的，我也沒必要太夠朋友。朋友首先應為對方考慮，如果為了自己的利益而讓朋友去冒險，那是卑鄙的，完全可以理直氣壯地拒絕。

現在有些年輕人，靠「兄弟義氣」使相互關係更好、友情更深。其實這是一種假象。「義氣」只不過是一種相互敷衍相互利用的工具罷了，和則聚、不合則分，喝完酒走人，大家心照不宣。

要分清「江湖義氣」與友誼的界線。講「兄弟義氣」的人，他們只想小圈子裡的「兄弟」，以「兄弟」、以私情為重，以「兄弟」私利為先，為了「兄弟」的一己之私，可以不顧法律與道德，甚至丟掉了基本的原則；為了「兄弟」，他們可以毫無原則地替「兄弟」上刀山、下火海，在所不辭。而對非「兄弟」的人，則不講感情，不講友誼和支援，甚至為了維護「兄弟」的利益而以別人為敵；為了討「兄弟」歡心，證明自己「夠

朋友」，而不惜對非「兄弟」的人尋釁鬧事，爭吵罵街，直至大打出手。他們想的，做的，只在幾個「兄弟」中間打轉轉，對「兄弟」以外的其他人則一律沒有感情，不聞不問漠不關心。

而朋友之間的友誼則不同，友誼是講原則、有界限的，友誼不能違反法律，不能違背社會道德。而「兄弟義氣」源於江湖義氣，會為「兄弟」私利而不分是非，不講原則。所以，友誼需要互相理解和幫助，需要義氣，但這種義氣是要講原則的，如果不辨是非地為「朋友」兩脅插刀，甚至不顧後果，不負責任地迎合朋友的不正當需求，這不是真正的友誼，也夠不上真正的義氣。從一定程度來講，在現實生活中，我們還是需要「義」的。但是，這個「義」應該是正義的「義」，而不是狹隘的圍繞個人恩怨和私利的所謂「兄弟義氣」。前者是出以公心，為了公利，後者是出以私心，為了私利。這就是兩者的根本區別。

對那些陷入兄弟義氣而不能自拔的青少年，要耐心地幫助他們，不能急於求成，因為要讓一個人改變一種習慣絕非一日之功，應該幫助他們分清友誼和兄弟義氣的區別。此外，在日常生活中，人與人之間難免會產生摩擦和衝突，面對一些不涉及根本利害關係的小矛盾，每個人都應該寬容一些、忍讓一些。正所謂：「退一步，海闊天空；讓三分，心平氣和。」

‖ 朋友，幸福人生的拐杖 ‖

沒有朋友的人是世界上最可憐的孤獨者。與人交朋友一定要交心，要結交那些能和你同甘共苦的人做朋友，只有交到好朋友，你的生活才不會孤獨，人生之路才會豐富多彩。曹雪芹在《紅樓夢》中說：「萬兩黃金容易得，知心一個也難求。」

　　我們的日常生活離不開人際社交，更少不了朋友的幫忙。正是因為世間有了真情和友誼，才使得生活顯得充實且豐富多彩。

　　李偉恩在一個朋友的聚會中偶然認識了李建峰。李建峰過去曾經是律師，後來逐漸厭倦這一行，就辭職自己開辦了一家公司，現在這家公司發展得非常興隆。他們聊得很投機，分別的時候，他們匆匆交換了名片，李偉恩還順便要了李建峰的家庭住址和電話。過了幾個月後，李偉恩所在的公司倒閉，他也就失業了，找工作找了幾個月仍無著落，他非常著急。有一天，他忽然想起了李建峰，於是就打電話給李建峰，說明了自己的情況，問那裡有沒有適合自己的職位。李建峰的公司目前不缺人，他卻給李偉恩介紹了另一家公司，讓他去面試。就這樣，李偉恩找到了新的工作。

　　那麼，在工作生活中應該怎樣培養友誼和發展朋友呢？以下提供參考。

- 在人際社交中我們要積極主動。主動打招呼，消除彼此的誤會或陌生感；使被動變為主動。

- 與人交往要有寬容之心。世間沒有完全相同的兩片樹葉，在與人交往時要善於求大同、存小異。要善於發現、學習他人的優點，而不是抓住別人的缺點不放。否則，你失去的可能就是一段最偉大最真摯的情誼。

- 要善於取長補短，廣交朋友。對於正處在成長期的人來說，此時正是情感豐富，好學上進的年齡，千萬不要為了求得「一知己」而錯過和別人的正常交往。

- 深交幾位知心朋友。朋友是有不同層次的，有些是一般的朋友，有些是知心朋友。一般朋友可能很多，但真正的知心朋友是不會太多的。這種朋友不是輕易可以得到的，通常需要雙方的溝通、理解、協調和努力。在與人的交往中，要想建立深厚的友誼，就必須用真誠去播種，用熱情去澆灌，用理智去培養，用諒解去護理，這樣你才能找到

自己的知心朋友。

· 交友時需要慎重。古人云：「近朱者赤，近墨者黑。」這個道理古今貫通。人的一生如果交上好的朋友，不僅可以得到情感的慰藉，而且朋友之間可以互相砥礪，相互激發，成為事業的基石。朋友之間，無論志趣上，還是品德上、事業上，總是互相影響的。我們觀察一個人一生的道德與事業，都不可避免地受到身邊人的影響，從這個意義上可以說，選擇朋友就是選擇命運。

朋友可以是興趣愛好一致的，也可以是不一致的，關鍵是在做人原則上是不是有共同的特徵。朋友的種類是多樣的，擇友就是選擇一個什麼水準上的朋友。

根據心理學家的說法，朋友大致分為以下六類：

· **屬於泛泛之交的朋友**：這類朋友的關係淡薄，僅屬普遍性的社交的朋友。

· **共同興趣的朋友**：與這類朋友有共同的情趣，或是在學習上或是在工作上有連繫，有接觸。

· **功利性朋友**：這類朋友，功利重於感情，功利重時，友誼「牢不可破」；功利失去了，友誼也就飛走了。

· **可信任的朋友**：彼此情感真摯，可以互相信賴。

· **能交心的朋友**：這類朋友之間有相同的理想和愛好，可以互相激勵、互相幫助，為了達到共同的理想，可以攜手合作、共同前進。

· **真正的知己朋友**：彼此之間絕對信任，悲歡與共、禍福互享。

怎樣做才能交到好朋友呢？筆者建議可以從以下三點考慮：一是君子以自強不息，要努力提升自己，避免依賴朋友。友誼之花要靠朋友雙方共

同努力，精心培育才能常開不敗。朋友雙方應彼此關心支持，相輔相成，取長補短，以求共同進步。二是尊重朋友，避免支配朋友。相互尊重是交友的首要原則，尊重他人，才能取得他人的理解，贏得他人的信任，彼此才能建立真摯的友誼。尊重尤其展現在人格上的平等。朋友是你的朋友，但他更是他自己，在處理他自己的事情時，他可以聽取你的忠告和建議，但他完全不必受你的牽制和干涉。三是避免對朋友要求過高，求全責備。金無足赤，人無完人。人非聖賢，孰能無過？在日常的交往中，誰都會犯或大或小的錯誤，應該允許別人犯錯誤，允許別人改正錯誤。四是真誠相待，積極溝通，學會表達不滿。馬克思曾說過：「你希望別人怎樣對待自己，你就應該怎樣對待別人。」朋友之間應該相互信任，真誠相待，不因場合的變化、地位的變遷而懷疑彼此的友誼，也不會因為觀點的不一致、偶然的誤會而動搖友情。五是正確對待男女之間的交往。

　　真正的朋友不是在口頭上的，要在行動上互相幫助。俄國文學家車爾尼雪夫斯基（Nikolay Chernyshevsky）說：「交朋友做什麼？為了緊要關頭時能有儲備的代辦處。」哪一個人活在世上不會碰到困難、挫折、失敗？所以，當朋友有了困難就要伸出援助之手，尤其是處於危難之中的時刻，更要去幫助。只有患難相濟的朋友才是真正的朋友，友誼是人生最重要的東西，所以，英國學者查爾斯‧達爾文（Charles Robert Darwin）說：「談到名聲、榮譽、快樂、財富這些東西，如果和友誼相比，它們都是塵土。」

　　總之，當一個人對友誼採取認真、投入、熱誠、參與的態度後，就會擁有真正的友誼。如俄國詩人普希金（Alexander Pushkin）所說：「不論是多情的詩句、漂亮的文章或閒暇的歡樂，什麼都不能代替無比親密的友情。」

第 09 堂課
相時 —— 不拘於時，隨機應變

▎不能一味因循守舊▎

　　法國昆蟲學家尚 - 亨利‧法布爾（Jean-Henri Fabre）曾經做過一個著名的「毛毛蟲實驗」，實驗過程如下：

　　他在一個花盆的邊緣擺放了一些毛毛蟲，讓牠們首尾相接圍成一個圈，與此同時，在距離花盆周圍 6 英寸遠近的地方，撒了一些牠們最喜歡吃的松葉。於是，這些毛毛蟲開始一隻接著一隻地繞著花盆的邊緣一圈一圈地走。為什麼會這樣呢？原來呀，毛毛蟲天生有一種「跟隨」的習性。就這樣，時間慢慢地過去了，一小時，一天，兩天……日子就這樣過去了，毛毛蟲還是很固執地兜著圈子。

　　法布爾在做這個實驗前曾經設想：毛毛蟲必定會很快厭倦這種毫無意義的繞圈，而轉向牠們比較喜愛吃的食物。可是讓人遺憾的是，毛毛蟲並沒有這樣做，直到法布爾把其中一隻毛毛蟲拿開，使原本的環出現了一個小小的缺口，這才使位於缺口端的一個毛毛蟲開始自動地離開花盆的邊緣，最終得以找到自己最喜歡吃的松葉。

　　導致這種結果的原因，就在於毛毛蟲的盲從，在於毛毛蟲總是習慣於固守原有的本能、習慣、先例和經驗。毛毛蟲付出了生命，但沒有任何結果。其實，如果有一隻毛毛蟲能夠破除尾隨的習慣而轉向去尋找食物，就完全可以避免悲劇的上演。

　　做人做事也是如此，有時候要打破常規，不按常理出牌，也就是靈活變通一下。

　　思維枷鎖其實就是一種思維模式，它的最大特點是形式化結構和強大的慣性。當我們面臨新情況新問題而需要開拓創新的時候，它就是一隻「攔路虎」。

著名的心算家阿伯特·卡米洛每天晚上都站在一個檯子上，請臺下觀眾中的隨便哪位給他出題。這位天才心算家還從來沒有被任何人難倒過。

這天晚上，一位先生走上臺來，坐到這位心算家的對面，開始出題：「一輛載著 283 名旅客的火車駛進車站，這時下去 87 人，又上來 65 人。」

阿伯特·卡米洛很輕蔑地笑了。

「在下一站下去 49 人，上來 112 人。」這位先生又作了補充。

心算家付之一笑。

「在下一站下去 37 人，上來 96 人，」主考人說得飛快，「在再下一站下去 74 人，上來 69 人；再下一站下去 17 人，上來 23 人；再一站下去 55 人，僅僅上來 7 人；在再下一站下去 43 人，又上來 79 人。」

「完了嗎？」心算大師很同情地問他。

「不，請您接著算！」主考人搖著腦袋接著說，「火車繼續往前開。到了下一站又下去 137 人，上來 117 人；再下一站下去 22 人，上來 68 人。」這時，他用手敲著桌子叫道：「完了，卡米洛先生！」

心算大師不屑一顧地咧咧嘴角，問道：「你現在就想知道結果嗎？」

「那當然，」主考人點著頭，微笑著說，「不過我並不想知道車上還有多少旅客，我只想知道，這趟列車究竟停靠了多少個車站？」阿伯特·卡米洛，這位著名的心算家呆住了。

著名的心算家也有失算的時候，因為他給自己的心靈戴上了一具枷鎖，按照慣常的思維來準備主考人的提問，誰知主考人考的卻是另一個簡單得讓人忽略了的問題。

大多數人總是自覺不自覺地沿著以往熟悉的方向和路徑進行思考，而不會另闢新路，這叫思維定式，它是創新思維的頭腦枷鎖。

習慣性思維就像一堵擋在前面的牆，留給我們發揮的餘地實在很有

限。如果堅持朝前走就難免碰壁，但如果我們能轉個方向，試著向旁邊跨幾步，說不定就能找到一條通往成功的捷徑。

有一個女人，她每天都要趕早市賣花。這個工作既辛苦又賺不到多少錢，因為賣花的人實在太多了。有一天，一個老人在買花時，不高興地說：「你們哪，只顧自己搬運方便，就不考慮買花的人！你看花盆土鋪得這麼薄，回頭我還得到處挖土。這城裡又不是農村，花盆土哪那麼好找啊！」老人的話給了她一個啟發：「為什麼我一定要跟這麼多人搶著賣花呢？我可以改賣花盆土啊！」第二天，她和丈夫挖了一車黑土，又把它們裝到一個個塑膠袋裡，每袋兩元，結果早市上，那車土被一搶而空，所得的利潤比她賣一個月花所得的還要多！

這個女人實在很有眼光，她沒有一直跟在別人的身後，而是動腦筋另闢蹊徑，結果找到了另一條更寬的生財之道。另闢蹊徑就是突破思維的慣性，想別人未曾想，用創新的精神為自己開拓新的領域。

不論什麼難題，如果按照習慣的模式去解決，肯定只能得到習慣的答案，但如果你能獨闢蹊徑，找出問題的關鍵，便會豁然貫通。

天地日月，自然萬物，無時無刻不在運動變化，大到山川河流，小到細塵微芥，宇宙間沒有一成不變的東西。我們生存的空間是一個永遠運動、永遠變化著的大系統。生存在變化的環境中，我們也在不知不覺地變化著。

縱觀歷史演變，恰似一瀉汪洋，浩瀚泛波奔湧不息，一刻不停地向前方奔流。只有螺旋式的上升，沒有倒退式的往復。

春秋更替，寒暑易節。日升星沉，花開花謝，雁去雁歸，草長草滅，雨灑雪飛，月圓月缺，自然萬物無不更替，無不變換。

時代在一步步發展變化，社會在一天天向前進步，思想文化、政治生

活等各個領域都在發生著巨大的變化。人居其中，不變可為？

　　有些人在思想中是很反對變的。在他們看來，變就意味著不堅定，變就是背叛，變就是變壞，這種思想是要不得的。特別是為人處世更不能有這種想法。

　　俗話道：「識時務者為俊傑。」何謂識時務？就是能夠認清客觀形勢或時代潮流，能夠跟著客觀形勢或時代潮流的變化而變化，因時制宜，順勢而動。無論古今，只有識時務的人才能成為時代的俊傑。反之，如果不識時務，不顧客觀條件的變化和限制，逆勢而行，盲目蠻幹，其結果只會是自取滅亡，或被時代的車輪遠遠甩在後頭，最終一事無成。

｜執著與變通｜

　　我們知道，世界上的萬事萬物都是在不斷發展變化的。環境在變，時勢在變，事態在變，生活在變，人類每一個個體也都在變。要適應環境、時勢的更迭，應付事態、生活的變化，就得學會隨機應變之術。荀子曾說：「舉動應變而不窮。」能夠隨著時勢、事態的變化而從容應變，是一個人立身處世、建功立業不可或缺的本領。尤其是現代社會飛速發展，生活千變萬化，更需要人們學會應變、善於應變、精於應變。

　　放棄執著，不是你對現實的投降，而是將你的境界調整到一種更高的層次，將自己的心態處於一種少煩惱的狀態。讓自己不管處於什麼樣的困境，遇到什麼樣的煩惱，碰上什麼樣的悲傷，都能以放棄執著的心態，將這些困境、煩惱、悲傷都不放在心上。

　　放棄了執著，就沒有了為我的動機，沒有了為我的動機，就不會存在為他的動機，無我無他就是一種超越自我和超越現實的境界。當然這不是一件

容易的事。但在無奈和殘酷的現實面前，你不懂得放棄也許就意味著毀滅。

人既要埋頭苦幹，也要抬頭看路。否則，越是勤奮，反而越是與成功背道而馳。生活不是單行線，我們不能鑽牛角尖。有時一個方向走不通了，不妨換個方向，說不定就會豁然開朗。

有這樣一些人，他們步入困境時，不是鑽牛角尖，而是動腦筋轉換思路，因而往往成為最終的成功者。

生活中我們常常一方面抱怨人生的路越走越窄，看不到成功的希望；另一方面又因循守舊、不思改變，習慣在老路上繼續走下去。

美國康乃爾大學威克教授做過這樣一個實驗：

拿一個玻璃瓶，瓶底朝光亮一方，放進一隻蜜蜂，蜜蜂在瓶中反覆朝有光亮的方向飛，牠努力了好多次，都沒有飛出瓶子，可牠就是不肯改變突圍的方向，仍舊按原來的方向去衝撞著瓶壁。最後，牠耗盡了氣力，氣息奄奄了。

然後，教授又放進了一隻蒼蠅，蒼蠅也朝有光亮的方向飛，突圍失敗後，又朝各種不同方向嘗試，最後終於從瓶口飛走了。

這個實驗充分說明了：成功在於肯努力嘗試。世界上沒有不犯錯、不經歷失敗的人，重要的是一條路走不通的時候，要趕緊轉過身去尋找另一條出路。有時候在困境面前，改變一下思路，一切就峰迴路轉、柳暗花明了。

很多人過著墨守成規的日子，幾十年都不變。這種人一輩子都不會成功。而真正聰明的處世者，往往善於變化思維，從而給自己的生活和事業帶來轉機。

某公司董事長一次散步到了郊外，偶然看到幾個小女孩正在玩一隻非常骯髒和異常醜陋的昆蟲，玩得愛不釋手。看著她們開心的樣子，布希耐頓時靈機一動，他想，市面上銷售的玩具都是優美漂亮的，如果生產一些

醜陋的玩具，市場反應會如何呢？想到做到，他馬上叫公司的人研發出一批「醜陋玩具」，迅速投向了市場。

這一仗布希耐大獲全勝，他的「醜陋玩具」給公司帶來了巨大的經濟效益，讓同行們眼紅不已。醜陋玩具也就此風靡於世。就像「瘋球」，這種玩具是在一串小球上印滿了許多醜陋可怕的臉孔，還有一雙鼓得像青蛙的帶著血色的眼球，眨起眼來就發出很難聽的聲音。這樣一些醜八怪玩具的售價甚至比漂亮的玩具還要高，但卻一直很暢銷。

這個故事說明：當一件東西已沒有什麼賣點的時候，用反向思維來做，促使事物發生那麼一點點變化，就會是一個新的突破。

奧古斯特・羅丹（Auguste Rodin）說：「生活中不是缺少美，而是缺少發現。」而我們也可以說，在生活中，不是缺少機會，而是缺少變化。我們就要做一個生活中的有心人，有時一個不經意的發現，就是創造的契機。

變則通，通則活

俗話說：「識時務者為俊傑。」所謂識時務就是能夠認清客觀形勢，能夠伴隨著客觀形勢的變化而變化。在現實工作生活中，任何事物的發展都不是一條直線。智慧之人能看到直中之曲和曲中之直，並把握時機地掌握事物的發展規律，並透過改變自身來達到既定的目標。

在人生的每一個關鍵時刻，要審慎地運用智慧，做出最準確的判斷，選擇正確的方向，及時檢查自己選擇的角度，適時調整自己，放棄無謂的固執，冷靜地用開放的心胸做出正確的抉擇，加以變通，這將指引你走向成功的大道。

變通是一個人在前進中最應該去不斷發展的能力，也正是由於人們在前進中不斷發展自身的變通能力，才使當今的生活變得如此豐富多彩！才使更多的人攀登到了象牙塔的頂端，成就了更多人的成功！就像蘇東坡寫的那首詩一樣：「橫看成嶺側成峰，遠近高低各不同，不識廬山真面目，只緣身在此山中。」一個人著眼點不同，那麼對山的看法也不同，做事也是這樣，只有打破原有的思維定勢，才能讓自己的思維不斷敏銳起來，才能更好地服務於自己，服務大眾，才能走向成功。

當今的社會，時勢在變，環境在變，生活在變，事態在變，人們賴以存活的工作環境更在不斷地變化。在各種競爭環境的挑戰面前，無論你是何種角色都要有應變的本領，以不變應萬變。生命在於變化，有變化會發展自己，在變化中發現自己、實現自己。所以，在這個飛速發展的世界中，在複雜的人際關係、職業生涯和社會生活中，我們仍然面臨著巨大的挑戰，我們需要一種全新的思維方式 —— 靈活變通，讓它來做我們前進中的路標，使我們走向成功。

有這樣一個小故事：

一天，一個死腦筋的人拿著一根長竹竿要進城門，但他卻橫著拿這根竹竿，由於長竿太長而無法進城門，因而痛苦不堪，於是就有人建議他說：「為什麼不把竹竿折斷，這樣不就可以進去了嗎？」雖然他的腦筋有些死，但他知道長竿折斷之後，竹竿就派不上用場了。這時來了一個腦筋靈活的人，他說：「不用折斷，將竹竿順著拿往前，就可以進去了。」死腦筋的人頓時恍然大悟，馬上將竹竿順了過來，果然順利地進了城門。

順應時局，善於變化，及時調整自己的行動方案，是成功者適應現實的一種方法。一個人如果既能看清自己，又能看清現狀和當前的形勢，那麼，這個人就能以客觀的眼光來看待和認識世界，並對自己的行動方向坐

出相對的調整。也就是說，人要審時度勢，棄直線思維取發散思維。

記得有一本書叫《方法總比問題多》，生活中，身處險境而臨陣不亂，鎮定自若，總能想出奇特的解決辦法，方能化險為夷。

生活中，你也許是一個循規蹈矩的人，做任何事情喜歡參考別人的做法，因為你害怕打破常規，不願去做一些出格的事情，這一點雖然不會給你帶來任何麻煩，但也不會給你帶來非凡的成功。金克拉說過：「如果你想迅速致富，那麼你最好去找一條終南捷徑，不要在摩肩接踵的人流中去擁擠。」

所以，成功在於一個人不斷地去創造，它不僅僅是天才們的專利，任何一個人都要養成創造的好習慣，你要相信你和天才們沒有什麼不同，唯一的不同是他們總是在不斷地創造，不斷地尋找新的方法。所以在今後的生活中，你也要不斷地去創造，不斷地去激發自己的創造力，這是成功之人不可缺少的重要因素之一。

當然，我們提倡在做人做事的時候要懂得變通，並不是說不講原則，因為一旦失去了原則，那麼人就失去了做事的根本，但也不能太講原則，太講原則就成為拘泥；另一方面，又不能太變通，太變通就成了隨便。這就是事與人的辯證統一，根據環境，根據現實，根據自己，掌握好度，適可而止才稱得上是大智慧。要知道在生活中，「適可而止是一種生活藝術，更是一種生存境界」。

第 10 堂課
對局 —— 人生如棋，棋如人生

狹路相逢勇者勝

　　如果說志氣是一個人成就事業的動力，那麼銳氣就是加油站。沒有一帆風順的人生，也沒有誰輕而易舉就實現了自己的理想。「失敗是成功之母」。在棋壇是無數的失敗才造就出超一流冠軍、世界冠軍的，經不起失敗的棋手是沒有出息的棋手。年輕棋手血氣方剛，易生銳氣，而對於經歷了無數次失敗磨練的中年棋手、老棋手來說，銳氣就顯得十分可貴了。日本的橋本宇太郎、阪田榮男、藤澤秀行和韓國的曹薰鉉等，被人們尊為棋壇的「長青樹」，就因為他們經歷了無數次勝利和失敗，到了功成名就的年齡仍保持像年輕人一樣的銳氣。。

　　孔子說：「三軍可奪帥也，匹夫不可奪志也。」孟子也說：「夫志，氣主帥也。」志與氣是人們精神面貌的兩個方面，人須有志才會有氣。自以為老了的棋手表面看來他們喪失的是氣（銳氣），而實際上他們喪失的是志，是一個人最本質的精神。志氣一失，這個人和他的棋哪裡還會有活力呢！

　　ELO 等級分制度經過多年的滾動，已經漸趨合理，「老」棋手當初的老本已經吃完了。可惜的是，年輕人的追趕並沒有激發「老」棋手的活力，倒是讓不少人增添了「夕陽西下」的慨嘆。前一輩棋手的過早衰退，雖然為後一輩棋手讓開了晉升之路，但也使後一輩少了磨練的機會，致使他們的進步變成一種虛假繁榮。

　　有道是「狹路相逢勇者勝」，圍棋比賽「勇」就屬於「氣」中的銳氣。「氣」多者勝，「氣」盛者勝。面對困難是一種勇氣，面對權勢是一種勇氣，面對金錢是一種勇氣……勇氣就是「富貴不能淫，威武不能屈」。那麼我們的勇氣又是從什麼地方來的呢？是心態，只要你以正常心

態、平常心態去面對一切，你就什麼都不怕了。

小吳曾是資訊業分公司的總經理，她原先只是一個護士，那她又是怎樣進資訊業公司的呢？

在多年以前，小吳決定要到資訊公司去應聘。當時，資訊公司的招聘地點在飯店，這是一個五星級的飯店。試想，當年的小吳，作為一個護士，來到飯店門口，心情會怎樣？

當時，在飯店門口，她足足徘徊了五分鐘，看著那些各種膚色的人如何從容地邁向臺階，如何一點也不生疏地走進門去，就這樣簡簡單單地進入另一個世界。她之所以徘徊了五分鐘不敢進去，就是因為她的內心深處無法丈量自己與這道門之間的距離。

她就是憑著一臺收音機，花一年半時間學完了英語三年的課程，就是憑著這個經歷，自己也應該進去，不就是為了這一天嗎？她鼓足了勇氣，邁著穩健的步伐，穿過旋轉門，走進了資訊產業公司辦事處。她的確是個人才，順利地透過了兩輪筆試和一輪口試，最後到了主考官面前，眼看就要大功告成了。

俗話說：閻王好見，小鬼難纏。現在已經見到了「閻王」，她好像什麼也不怕了。主考官沒有提什麼難的問題，只是隨口問：「你會不會打字？」

她本來不會打字但是本能告訴她，到了這個地步，還有什麼不會呢？

她點點頭，只說了一個字：「會！」，「一分鐘可以打多少個字？」「您的要求是多少？」主考官說了一個標準。她不經意地環視了一下四周，發現考場裡沒有一臺打字機。她馬上就回答：「沒問題！」主考官說：「好，下次錄取時再加試打字！」她就這樣過五關斬六將，順利地透過了主考官的考試。

　　實際上，小吳從來沒有摸過打字機。面試一結束，她就飛快地跑去找一個朋友借錢買了一臺打字機，就這樣沒日沒夜地練習一個星期，居然達到專業打字員的水準。

　　她被錄取了，資訊公司「忘記」考她的打字速度了，可是買打字機借的錢，她好幾個月才還清。她成了這家世界著名企業的一名一般員工，可是她做的不是白領，而是一個卑微的角色，主要工作是泡茶倒水，清潔打掃，用她自己的話說，「完全是腦袋以下的肢體勞動」。她為此感到很自卑，她把可以觸摸傳真機視作一種奢望，她所感到的安慰就是自己能夠在一個可以解決溫飽問題而又安全的地方做事。可是身為一位服務人員，這種心理平衡很快就被打破了。

　　一天，小吳推著車買辦公用品回來，警衛把她攔在大門口，故意要檢查外商工作證。她沒有外商工作證，於是在大門口僵持了起來，進進出出的人都投來一種異樣的目光。她的內心充滿了屈辱、無奈，可是她知道這份工作得到不容易，沒有發洩出來，她在內心咬著牙對自己說：「我不能這樣下去！」這是第一件事情，還有一件事情在她的內心深處留下很深的印象：

　　有一個很資深的職員，動不動就喜歡指使人要她做事，小吳就是她的主要指使對象。一天，這位女士叫著小吳的英語名字說：「Juliet，如果你想喝咖啡就請告訴我！」

　　小吳丈二金剛摸不著頭緒，不知這位自以為是的女士在說什麼。

　　這個女人說：「如果你喝我的咖啡，每次都請你把杯子的蓋子蓋好！」小吳本來是一個很會忍氣吞聲的人，這次女性的溫柔全都不見了，因為她認為那女人把自己當成偷喝咖啡的小毛賊了，這是一種人格上的侮辱。她頓時渾身戰慄，就像一頭憤怒的獅子，把埋在內心的壓抑發洩了出來……

　　小吳想：有朝一日，我要去管公司裡的每一個人，不管他是外國人還是香港人！

　　甘願自卑，就只能沉淪下去，不肯自卑，就會產生無窮的推動力。小吳每天除了工作時間就是學習，就是尋找著自己的最佳出路。最終，與她一起進資訊公司的同事中，她第一個做了業務代表；她第一批成為本土的經理；她成為第一批赴美國本部進行策略研究的人；她第一個成為資訊公司地區總經理。

　　小吳為什麼成功，她從來沒有真正害怕過什麼東西，即使不會的東西也是這樣，人就是應該有這樣一點精神。俗話說，堅持數年，必有好處。一個人只要肯花時間，少的不說，經過十年的努力，一個智力平平的人可以精通一門學問；一個毫無知識的文盲，可以成為一個彬彬有禮的文化人。

　　成功人士的勇氣並不是莽夫，而是大智大勇。只要你有正常心態，去奮鬥，去努力，沒有理由不成功。

┃人無遠慮，必有近憂┃

　　棋訣有云：「得品之下者，舉無思慮，動則變詐。或用手以影其勢，或發言以泄其機。得品之上者，則異於是。皆沉思而遠慮，因形而用權。神遊局內，意在子先。圖勝於無朕，滅行於未然。」意思是說那些棋藝低的人，不懂得深謀遠慮，他們的一言一行都在洩露著其打算和動機；棋藝高的人則不一樣，他們都善於深思遠慮，「神遊局內，意在子先」，只有這樣才能立於不敗之地。

　　圍棋是一門動腦的學問，善於思考非常重要，而不是單憑直覺或者是一時的衝動而下子。漢代馬融的《圍棋賦》，也有類似的觀點論述。馬融

認為，圍棋的勝負策略就像頭髮一般的細微處，而黑白雙方的布局，則像麻那樣錯綜複雜。在棋盤上，我們得步步為營，小心謹慎，每一步都要三思而後行，否則就會掉進陷阱。同時還得看清對方的用意，看清棋局的形勢，要學會深思熟慮，才會有勝利的掌握。在敵我的攻守上，必須做到前後呼應、攻守相宜的深思熟慮。否則敵軍深入自方，殺子占地，自己的棋子就很危險了。

下圍棋，除了要「熟慮」，還要「遠慮」。要由小見大，由近及遠，要有長遠的眼光。會下棋的人都知道，棋步看得越遠越準越易取勝，鼠目寸光必敗無疑。只有著眼於長遠才不至於被動。我們下棋的時候，每一步都面臨著選擇，如何選擇好要走的步是最關鍵的。不能看一步走一步，而應該至少看三步走一步，這就是所謂高瞻遠矚、深謀遠慮。

人生如下棋，深謀遠慮者獲勝。如果你不懂得「遠慮」，那憂患離你也就不遠了，凡事要「三思而後行」。一般來說，凡發生後悔的事，往往與一個人的選擇失誤和謀略不足有關。為了減少後悔現象，在做事之前一定要謹慎小心，要多想一想行動的各種方案，多想一想每種行動所產生的後果：是利大於弊，還是弊大於利。多想一想做這件事的方式過去是不是有過，這樣不致重蹈覆轍，避免犯相同的錯誤。

俗話說：「人無遠慮，必有近憂。」商家想要在某一行業中獲得絕對優勢，就必須面對瞬息萬變的商情與眾多的對手，掌握行業的發展態勢，占得先機，從而立於不敗之地。

在全球汽車業中，每 80 輛轎車中就有一輛是「本田」牌。然而使本田公司首先取得引人矚目的成功從而揚名天下的，還是本田摩托車。在汽車工業界，本田技術研究工業公司在日本國內排名第三，但在摩托車工業界，本田技術研究工業公司不僅在日本國內是龍頭老大，在世界上也是首

屈一指。1991 年，本田技術研究工業公司的摩托車產量為 130 多萬輛，印有「HONDA」標誌的摩托車飛馳在世界各地。

早在 1970 年代初，正當本田牌摩托車在美國市場上暢銷走紅時，總經理本田宗一郎卻突然提出了「東南亞經營策略」，倡議開發東南亞市場。

當時，摩托車激烈角逐的戰場是歐美市場，東南亞則因經濟剛剛起步，摩托車還是人們敬而遠之的高檔消費品。公司總部的大部分人對本田宗一郎的倡議迷惑不解。

這個策略是本田經過了深思熟慮的。他拿出一份詳盡的調查報告向人們解釋：「美國經濟即將進入新一輪衰退，只盯住美國市場，一有風吹草動我們便會損失慘重。而東南亞經濟已經開始起飛，按一般計畫，人均年產值 2,000 美元，摩托車市場就能形成。只有未雨綢繆，才能處亂不驚。」

大約過了一年半的時間，美國經濟果然急轉直下，許多企業的大量產品滯銷，幾十萬輛本田摩托車也壓在庫裡。然而天賜良機，與此同時，東南亞市場上摩托車卻開始走俏。本田立即根據當地的條件對庫存產品進行改裝後銷往東南亞。

由於本田公司已經提前一年實行旨在創品牌、提高知名度的經營策略，所以產品投入市場後如魚得水，這一年，和許多虧損企業相比，本田公司非但未損失分毫，而且創出了銷售量的最高記錄。總結了這一經驗，從此，本田公司形成了居安思危、有備無患的經營策略。每當一種產品或一個市場達到巔峰，他們就開始著手研究開發新一代產品和開拓新市場，從而使本田公司在危機來臨時總有新的出路。

古人云：「無事如有事時，提防可以彌意外之變；有事如無事時，鎮定方可以消局中之危。」所以，為人處世也應未雨綢繆，切忌臨渴掘井。

‖ 知己知彼，百戰不殆 ‖

下圍棋歷來都是經過長期的醞釀：最先是遠期策略目標確認，而後制訂一系列計畫，在周邊進行「消滅、阻遏外勢」，在內部投子擲孤，力求知己知彼，在多方面採用方法使對手內部出現裂縫，出現不平衡的傾斜，然後透過別種管道進行試探，當對手出現可乘之機的時候，趁機而入，迅速地完成既定的策略計畫。只有知己知彼，了解他人的長處以及自己的不足，以己之長，攻其之短，方能出其不意，這是下圍棋的制勝之法。

下圍棋作為一種博弈模式，雙方明刀明槍，棋盤上黑白分明，一如兩軍對壘。如何調兵遣將、布局對陣，只有對己方和對方的形勢、舉動有清楚的認識，才能從容調度，使自己立於不敗之地。

《田忌賽馬》的故事就是很好的佐證。

齊國的大將田忌，很喜歡賽馬，有一回，他和齊威王約定，要進行一場比賽。他們商量好，把各自的馬分成上、中、下三等。比賽的時候，要上馬對上馬，中馬對中馬，下馬對下馬。由於齊威王每個等級的馬都比田忌的馬強得多，所以比賽了幾次，田忌都失敗了。

有一次，田忌又失敗了，覺得很掃興，比賽還沒有結束，就垂頭喪氣地離開賽馬場，這時，田忌抬頭一看，人群中有個人，原來是自己的好朋友孫臏。孫臏招呼田忌過來，拍著他的肩膀說：「我剛才看了賽馬，威王的馬比你的馬快不了多少呀。」孫臏還沒有說完，田忌瞪了他一眼：「想不到你也來挖苦我！」孫臏說：「我不是挖苦你，我是說你再和他再比賽一次，我有辦法讓你贏。」田忌疑惑地看著孫臏：「你是說另換馬來？」孫臏搖搖頭說：「連一匹馬也不需要更換。」田忌毫無信心地說：「那還不是照樣得輸！」孫臏胸有成竹地說：「你就按照我的安排做事吧。」齊威

王屢戰屢勝，正在得意洋洋地誇耀自己馬匹的時候，看見田忌陪著孫臏迎面走來，便站起來譏諷地說：「怎麼，莫非你還不服氣？」田忌說：「當然不服氣，我們再賽一次！」說著，「嘩啦」一聲，把一大堆銀錢倒在桌子上，作為他下的賭錢。齊威王一看，心裡暗暗好笑，於是吩咐手下，把前幾次贏得的銀錢全部抬來，另外又加了一千兩黃金，也放在桌子上。齊威王輕蔑地說：「那就開始吧！」一聲鑼響，比賽開始了。孫臏先以下等馬對齊威王的上等馬，第一局田忌輸了。齊威王站起來說：「想不到赫赫有名的孫臏先生，竟然想出這樣拙劣的對策。」孫臏不去理他。接著進行第二場比賽。孫臏拿上等馬對齊威王的中等馬，獲勝了一局。齊威王有點慌亂了。第三局比賽，孫臏拿中等馬對齊威王的下等馬，又戰勝了一局。這下，齊威王目瞪口呆了。比賽的結果是三局兩勝，田忌贏了齊威王。還是同樣的馬匹，由於調換一下比賽的出場順序，就得到轉敗為勝的結果。

「知己知彼，百戰不殆；不知彼而知己，一勝一負；不知彼，不知己，每戰必殆。」這是《孫子兵法》中重要的策略思想。意思是說，在軍事紛爭中，既了解敵人，又了解自己，百戰都不會有危險；不了解敵人而只了解自己，勝敗的可能性各半；既不了解敵人，又不了解自己，那只有每戰都有危險。所以，打仗要知己知彼，不僅要看清楚自己和對手的情況，還要能預見到對手未來的變化。當熟知了雙方的道、天、地、將、法及各方面的情況後，根據實際情況做出有利的決策，那麼就會百戰百勝。

第 10 堂課　對局—人生如棋，棋如人生

第 11 堂課
道德 —— 德不孤，必有鄰

‖ 己所不欲，勿施於人 ‖

「己所不欲，勿施於人」出自《論語·衛靈公》。

子貢問孔子：「有一句話可以用來終身奉行嗎？」孔子說：「大概只有『恕』吧！自己不想做的事，切勿強加給別人。」

類似的話，孔子在其他地方還多次說過。比如有一次，孔子的學生仲弓問他怎樣實行仁德，孔子回答說：「自己不想做的事情不要強加給別人。做到了這一點，在國內無人怨恨，在家裡也無人怨恨」。又有一次，孔子說：「我不願意別人強加給我的，我也不會強加給別人。」在《中庸》中，類似的話也出現了不止一次。

儒家學派的另一代表孟子也持同樣的觀點。

有一次，一個叫白圭的大商人跟孟子談起大禹治水的故事，誇口說：「如果讓我治水，一定能比大禹做得更好。只要把河道疏通，讓洪水流到鄰近的國家去就行了，還用得著一直疏導到東海？」孟子很不客氣地對他說：「你錯了！你讓洪水流到鄰國，鄰國難道不會讓洪水再流回來嗎？有仁德的人，是不會這麼做的，這麼做只會造成更大的災害。」

也就是說，「己所不欲，勿施於人」的態度，不僅是對別人的尊重，也是孔子和孟子所宣導的「仁」的要求。我們知道，「仁者愛人」，因此所謂「己所不欲，勿施於人」，就是用自己的心推及別人，自己希望怎樣生活，就應該想到別人也會希望怎樣生活；自己不願意別人怎樣對待自己，就不要那樣對待別人；自己希望在社會上能站得住，能通達，就要懂得幫助別人站得住、通達。總之，「己所不欲，勿施於人」就是從自己的內心出發，推及他人，去理解他人，對待他人。

這種「己所不欲，勿施於人」的態度，不僅是對別人的尊重，而且也

是對別人一種厚愛的表現。自己不喜歡虛偽、講假話，就不能希望、更不能要求別人虛偽、講假話。自己不想犯錯誤，也不能希望別人犯錯誤。自己不願意貧窮，也不能希望別人貧窮。自己所厭惡的事，強求別人去做，實質上是害人的一種表現。

人是最複雜的動物，人與人交往也是一項複雜的活動過程，在這個過程中，需要付出情感，而在此時，己所不欲，勿施於人就是一個很好的處事原則。

羅斯福當海軍助理部長時，有一天一位好友來訪。談話間朋友問及海軍在加勒比海某島建立基地的事。「我只要你告訴我，」他的朋友說，「我所聽到的有關基地的傳聞是否確有其事。」這位朋友要打聽的事在當時是不便公開的，但既是好朋友相求，那如何拒絕是好呢？只見羅斯福望了望四周，然後壓低嗓子向朋友問道：「你能對不便外傳的事情保密嗎？」「能。」好友急切地回答。「那麼，」羅斯福微笑著說：「我也能。」

「己所不欲，勿施於人」強調的是，要學會換位思考，也就是說，自己設身處地為對方設想，假設對方如此要求我，我願意不願意。如果我也會不願意，那麼就不去要求對方。「我不欲人之加諸我也，吾亦欲無加諸人」，強調的是，在與別人交往時，首先從自我的角度來考慮對方的要求，如果我不願意的，就堅決不同意。

戰國時，梁國與楚國交界，兩國在邊境上各設界亭，亭卒們也都在各自的地界裡種了西瓜。梁亭的亭卒勤勞，鋤草澆水，瓜秧長勢極好，而楚亭的亭卒懶惰，對瓜事很少過問，瓜秧又瘦又弱，與對面瓜田的長勢簡直不能相比。楚人死要面子，在一個無月之夜，偷跑過去把梁亭的瓜秧全給扯斷了。梁亭的人第二天發現後，氣憤難平，報告縣令宋就，說我們也過去把他們的瓜秧扯斷好了。宋就聽了以後，對梁亭的人說：「楚亭的人這

樣做當然是很卑鄙的，可是，我們明明不願他們扯斷我們的瓜秧，那麼為什麼再反過去扯斷人家的瓜秧？別人不對，我們再跟著學，那就太狹隘了。你們聽我的話，從今天起，每天晚上去給他們的瓜秧澆水，讓他們的瓜秧長得好，而且，你們這樣做，一定不可以讓他們知道。」

梁亭的人聽了宋就的話後覺得有道理，於是就照辦了。楚亭的人發現自己的瓜秧長勢一天好似一天，仔細觀察，發現每天早上地都被人澆過了，而且是梁亭的人在黑夜裡悄悄為他們澆的。楚國的邊縣縣令聽到亭卒們的報告後，感到非常慚愧又非常敬佩，於是把這事報告給了楚王。楚王聽說後，也感於梁國人修睦邊鄰的誠心，特備重禮送梁王，既以示自責，也以示酬謝，結果這一對敵國成了友鄰。

宋就顯然比那些亭卒更懂得人情世故，正是因為他懂得「己所不欲，勿施於人」的道理，才使兩國化敵為友。

一個人沒有權利把自己不願意要的東西強加於他人，但一個人也不應該把一般人都不要的東西強加給自己。而當人己雙方都面臨著人類所不要的東西而又必須由其中一方承受下來的時候，就讓每個人自己擁有的客觀條件來決定，而不作人為干預。

這種把問題的解答同初始的物質條件相掛鉤，不作人為干預的方法，從形式上看，是暫時地給道德原則「加括弧」，把它「懸置」起來，藉以迴避問題。但從實質上看，不就是借道德之名，將不道德的要求強加給信守道德之人嗎？

不可否認，任何道德體系都內在地具有抬高整體，包括作為整體之具體化的他人，而貶抑自我的要求這一根本傾向。

然而，在道德有可能越出「道德」的範圍，而成為某種不道德時，梁亭的人卻極為合理、極為道德地緊急制動，借懸置道德來給出了最為道德

的準則。這種以物的合理性，即物的歸屬，來規定人的合理性（倫理或道德標準）的做法，正典型地展現了梁亭人智慧的一個極為意義重大、極具現代特徵：主觀合理性與客觀合理性吻合，主觀合理性受客觀合理性決定，或者更確切地說，人的合理性與物的合理性的同一與融合。

如果把這種智慧運用到人際社交之中，你就能夠得到真正的友誼，就能夠在人際關係中樹立自己的形象和地位。

可見，人與人之間的關係，追求的就是心靈的相通，我們只要能正確理解自己的心理需求，理解他人，這樣也就能夠尊重他人，獲得他人的友誼。

‖ 誠信，需終生經營的「事業」‖

誠信，顧名思義：誠實、誠懇，講信用、守信義。一個人只有忠誠老實、誠懇待人，才會取得別人對你的信任；只有講信用、守信義，才會贏得身前身後的榮譽。人生的旅途中，誠信猶如人的靈魂，有了誠信，才會有絕處逢生時的援助之手；有了誠信才會有真誠友誼的心慰；有了誠信，才會有爬出深淵，走向光明的機會。

誠信是立身之本，無信則不立。作為精神、道德層面的東西，講誠信，要靠自覺；要樹立誠信的為人形象，關鍵在於修身自律。曾子曰：「吾日三省吾身：為人謀而不忠乎？與朋友交而不信乎？傳不習乎？」可見，古人不僅把自省作為修身的重要方法，而且把誠信作為修身的根本。現代社會的每一個人，要樹立和維護自身形象都要講誠信，我們要從自我做起，把講誠信展現在一言一行之中。

誠信是為人處世的一種美德，是人性最高的境界。誠以養德，信以修身。生活中的一個承諾或身邊的一件小事，就能折射出一個人的修養，顯

現出其人格魅力。人性的光榮與尊嚴不在於一個人的精明而在於他是否誠信，人性的醜惡中沒有比虛偽和背信棄義更可恥的了。誠信比一切計謀都好用，而計謀離開了誠信的支撐，也會變成無用武之地的廢品。誠信是考察一個人為人的一項最基本的標準。

如果我們每個人都能真誠地對待工作，那麼，大對公司、小對個人的損失和懲罰將會大大降低。

做人以誠待人，則威信自立，自然會獲取他人的信任與擁戴，進而立足於世，做成更大的事業。

以誠信服人，是最高明的處世之道，也是最有效的成功素養之一。人無信不立，不做言過其實的許諾，不做言而無信、背信棄義的醜行，這是有魅力的人，靠得住的人。所以，縱使萬般艱難，也須言行如一，表裡如一，不可一日無信。

老子說：「輕諾必寡信，多易必多難。」傅玄說：「禍莫大於無信。」一個人如果經常失信，一方面會破壞他本人的形象；另一方面還將影響他本人的事業。信譽許諾是非常嚴肅的事情，對不應辦的事情或辦不到的事，千萬不能輕率應允。一旦許諾，就要千方百計去兌現自己的諾言，以獲得別人的信任。

清代顧炎武曾賦詩言志：「生來一諾比黃金，哪肯風塵負此心。」表達了自己堅守信用的處世態度和內在品格，一諾千金的典故便是由此而來的。一個人如果有信用，什麼樣的事都會有辦法解決。沒有技術，可以請有這方面經驗的朋友來幫助你；沒有經營能力，可以請有營業能力的人來做事；沒有資金，可以向銀行借貸。反之，如果你沒有信用，這可是最大的致命傷。因此，做人要講誠信，做事要講誠信，誠信是一種無形的資產，需要人們精心維護，慢慢累積。

那麼，我們怎樣才能做一個誠信的人？我以為找不到一個現成的答案，一切都得從平時的小事上做起。

首先，要做到真誠，不能在外表上用功夫。說話表情雖好，而你的內心不誠，至多成為「巧言令色」罷了。對方如不是糊塗之輩，定會看出你的虛偽，因為內心不誠，憑你巧言令色，終有若干破綻給對方看出，豈不成為心勞術拙嗎？相反，內心真誠，即使拙於辭令，拙於表情，卻能展現出你的樸實。誠且樸實，效力更大，只要對方對你素無誤會，你的真誠，必能感人。

其次，最忌的是平時好用欺騙手段，欺騙也許能得一時之利，卻不能維持長久。如果你的欺騙日久為人察出，即使你真的有誠意，仍會被認為是另一種姿態的虛偽。因此，一生不可有任何欺騙行為。也許你曾遇到過這種人，你以真誠相待，他卻以偽回報，於是，你便對於誠的效用發生了懷疑。其實，真誠的力量是絕對的。所以會發生例外，只是由於你的真誠不足以打動對方的心。對一切你要「反求諸己」。不必「求諸人」，這是用真誠打動人的唯一原則。

再次，對方倘不是深交之人，你也暢所欲言，以快一時，只能顯示你的冒昧和淺薄。真誠本來有三種限制：一是人，二是時，三是地。非其人不必說；非其時，雖得其人，也不必說；得其人與時，而非其地，仍不必說；非其人，你說三分話，已是太多；得其人與時，你說三分話，正給他一個暗示，看看他的反應；得其人與時，而非其地，你說三分話，可以引起他的注意，如有必要，不妨擇地長談，這並不與真誠相悖。

總之，要想使自己成為真誠的人，你第一步要鍛鍊自己在小事上做到完全誠實。當你不便講真話時，不要編造小小的謊言，不要去重複那些不真實的流言蜚語。

這些戒律看起來是微不足道的，但是當你真正在尋求真誠並且開始發現它的時候，它本身的力量就會使你著迷。最終，你會明白，幾乎任何一件有價值的事，都包含有它本身的不容違背的真誠內涵。如果你追求它並且發現了它的真諦，你就一定能使自己進一步完善。

為他人著想，有愛就有一切

人活在世上，不光要索取，還應有責任，對於家庭乃至社會都需要我們獻出自己的愛心，家中有了愛心，會變得溫馨和美，社會中有了愛心，會顯得溫暖如春。

為他人著想，是一種責任，也是一點一滴的小事的展現，在街上幫助老人、身心障礙者。在家中，經常做些力所能及的家務，減輕家人的負擔。

關心別人，時時想到別人，關鍵之時，伸出援助之手幫助別人，這是我們應盡的社會責任。社會宛如一個大家庭，我們便是這家庭中的一員，我們要將愛送給每一個人，並以此為快樂，那時，我們會感受到這個大家庭的溫暖。

有一則公益廣告，說的是一個女孩騎車經過一個漆黑的小巷。巷口擺攤的攤販舉高燈為她照明。那盞燈不僅為女孩照亮前方的路，微弱的燈光更是溫暖了人的心。很多時候，為他人著想只需一件小事，只要邁出一步。好人時時刻刻都在為他人著想：上廁所摔了一跤就連夜把燈給修好，打掃好寢室，讓隊友可以好好休息。這樣設身處地地想著別人，正是我們應該學習的。

有一個寓言：

耶誕節的晚上，一位夫人看到三位白髮飄然的老者坐在自家門前的臺階上。

「你們一定餓壞了，進屋吃點東西吧。」夫人走上前去，禮貌地招呼老人們。

「哦，謝謝，我們在這裡坐一會兒就走。」老人們回答。

「如果不介意的話，請到屋裡坐一會兒吧。外面這麼冷。我們全家都歡迎三位與我們共度耶誕節。」夫人誠懇地說。

「那麼，你家男主人在嗎？」一個老人問道。

「他就在裡面。」夫人答道。

「你先去徵求一下他的意見吧。」另一個老人說。

夫人趕緊回屋，將此事告訴了丈夫。

「親愛的，你根本不必徵求我的意見。快去告訴他們，請他們進來吧！」丈夫說。

夫人趕緊跑到門外，再次邀請老人們進屋。

「可是，我們不能一起進去。」一個老人說道。

夫人感到疑惑。

那個老人指著一個同伴說：「他叫財富，」接著老人指著另一個同伴說，「他叫成功，我叫愛。」

「我們只能進去一個人，你再和丈夫商量一下，看你們願意讓我們哪一位進去。」另一個老人補充說。

夫人又一次跑回屋，把老人們的話告訴了丈夫，丈夫非常驚喜，他說：「既然如此，我們就邀請財富老人吧！親愛的，快去請他進來！」

夫人卻不同意，她說：「親愛的，我們為什麼不邀請成功呢？有了成功，我們還缺少財富嗎？」

　　這時，一邊的小女兒插話了：「爸爸媽媽，邀請『愛』進來不是更好嗎？我認為，一個充滿『愛』的耶誕節才是最好的。」

　　「那就聽女兒的吧！」丈夫對妻子說。

　　夫人再一次跑出去告訴三位老人：「如果你們不肯一起進來的話，那麼請叫『愛』的老人跟我來吧！」

　　「愛」朝屋裡走去，另外兩個老人也跟在後面。

　　「剛才我邀請你們一起進來，你們說不能一起進屋。現在我邀請的是『愛』，你們怎麼又願意來了呢？」夫人不解地問財富老人和成功老人。

　　「難道你不知道嗎？哪裡有愛，哪裡就有財富和成功！假如你邀請的是成功和財富，那麼另外兩人就會留在外邊。但是你邀請了愛。愛走到什麼地方，我們就會陪伴他到哪裡。」兩個老人異口同聲地說道。

　　是的，有愛就有一切。心中有愛的人，無論走到哪裡都會帶給我們感動；這樣的人，自然會受人歡迎，自然比普通人更容易接近成功。所以，即使是在商品經濟日益發達的今天，成功也並不是冷酷的代名詞，財富也並非僅僅展現在金錢與數字上。人與人之間，只有相互付出相互給予相互關心相互敬愛，人間才會產生綿綿不斷的能量與生機，社會才會有更多和諧更多暖意更多活力，幸福和快樂才會常駐人間。

　　人們常說的「善有善報，惡有惡報」，其本質就是物理上的能量守恆定律 ── 你做了一件壞事，你打著各種冠冕堂皇的幌子把別人的東西巧取豪奪到你那裡去了，你仗勢欺人，別人或許敢怒不敢言，但「敢怒」二字就說明「報」的能量已經產生，再也不會消失。它如何累積，如何醞釀，如何釋放，都只是一個時機和管道的問題。反之，你做了一件好事，付出了愛心，幫助了別人，別人即便不能即刻報答你，但至少不會討厭你，周圍的人也會認同你。認同你的人多了，善報自然會絡繹不絕地隨之

而來。所以，不要再唱什麼「有多少愛可以重來」，那是不成熟的想法，是自私，是狹隘的自愛。人心都是肉長的。想讓愛重來，多來，不斷地來到自己身邊，就先試著付出自己的愛。愛人，就是愛自己。

第 11 堂課　道德—德不孤，必有鄰

第 12 堂課
無為 —— 水善利萬物而不爭

｜上善若水｜

「上善若水。水善利萬物而不爭，處眾人之所惡，故幾於道。居善地，心善淵，與善仁，言善信，政善治，事善能，動善時。夫唯不爭，故無尤」，出自老子的《道德經》第八章。其意是說最高境界的善好像水一樣。水善於滋潤萬物而不與萬物相爭，停留在眾人都不喜歡的地方，所以最接近於「道」。上善的人居住要像水那樣安於卑下，心胸善於保持沉靜，待人善於真誠、友愛和無私，說話善於恪守信用，為政善於精簡處理，能把國家治理好，處事能夠善於發揮所長，行動善於把握時機。最善的人所作所為正因為有不爭的美德，所以沒有過失，也就沒有怨咎。

傳說，在古時候有一位國王名叫「長壽」，他有一個兒子叫「長生」。長壽王素來以其道德修養治國，從不亂用刑罰，所以他的國家一直風調雨順，國泰民安。相反，鄰近的一個國家的國王卻心狠手辣，被百姓所唾棄，人人稱他為「惡霸王」。

一天，惡霸王率領軍隊攻打長壽王統治的國家。長壽王十萬火急的召集了文武百官說：「眾愛卿啊！惡霸王進攻我國，主要是要搶奪我們的糧食、珍寶，還有國土，如果發兵跟他們抗爭到底，一定會喪失很多人的生命，不管是我們的人民，還是鄰國的百姓，生命都同樣可貴，為了不兩敗俱傷，殘害百姓生靈，我已經決定把所有的一切都讓給惡霸王，所以從現在開始，大家要自求多福！而我跟太子想要隱居深山，大家後會有期了！」

雖然長壽王如此寬宏慈憫，但惡霸王還是不肯甘休。在霸占了國土以後，惡霸王仍四處捉拿長壽王父子。最後長壽王落入惡霸王的手裡，惡霸王竟然要當眾燒死長壽王！這時，太子長生打扮成一個樵夫，混入人群

裡。他看到父王被綁在四邊都是柴堆的臺上，馬上就要被火燒死了，忍不住流下悲傷的淚水。長壽王也看到太子了，他恐怕太子以後會報仇，便抬頭向天大喊：「為人子最大的孝心是讓父母死而無憾，千萬不要為了替我報仇，弄得冤冤相報。對你來說孝順就是，讓我在九泉之下可以安心長眠，你要化悲痛為力量，好好的活下去！」長壽王就這樣活活被燒死了。

太子長生滿心悲傷偷偷的回到城裡，打扮成一個雜役供人僱用，以待機報仇。他在一個大官的家裡種菜，主人曾問他：「長生！你會不會做飯？」長生就回答：「老爺！我當然會啊！」於是老爺就提拔長生當總廚師。

一天，老爺請惡霸王到家裡來做客，當惡霸王吃到這麼可口細緻的菜色時，連連稱讚說：「愛卿啊！這些好吃的飯菜都是誰做的？」

大臣回答：「陛下！是前不久我雇的一個做雜役的年輕人做的，我也想不到他的手藝會這麼好！」

惡霸王說：「這麼好的人才應該送給我才對！你怎麼可以留在家裡獨享呢？」於是大臣就把長生送給了惡霸王，當了他的專門廚師。

一天，惡霸王帶長生出去打獵，上山之後，長生就對惡霸王說：「其實我是長壽王的太子長生，我有很多機會可以把你殺死，替我的父王報仇，如我只要在飯菜裡下毒，你就會一命嗚呼！但是只要一想到父王臨終時，再三嚀咐我不可心存報仇之念！我就不忍心下手，現在只希望遵循父王臨終的旨意，以慰他老人家在天之靈。現在你既然已經知道我的身分了，要殺要剮隨你！」

惡霸王聽完太子的話以後非常感動，也十分後悔，就將國土還給太子長生，並向太子保證：「如果以後有別國來侵犯你們，我一定盡力援助你們，希望你不計前嫌，原諒我過去的惡行！」

　　長生的真實經歷告訴我們，一個人的德行是一個人的做人之本，它完全可以改變一個人的命運。

　　而老子曾說過至高的品德像水一樣，能有利於萬物而不爭鬥。老子用水性來比喻有高尚品德者的人格，認為他們的品德像水那樣，一是柔，二是停留在卑下的地方，三是滋潤萬物而不與爭。最完善的人格也應該具有這種心態與行為，不但做有利於眾人，而且還願意去眾人不願去的卑下地方，願意做別人不願意做的事情。他可以忍辱負重，任勞任怨，能盡其所能地貢獻自己的力量去幫助別人，而不會與別人爭功爭名爭利，這就是老子「善利萬物而不爭」的著名思想。

‖ 不爭是一種大智慧 ‖

　　「爭」是人與生俱來的天性。為了生存下去要爭，要想生活得更好還要爭，爭是一種生存的方式，是再平常不過的事。

　　但老子卻教人們「不爭」，這個「不爭」原理在他的思想中占有極其重要的地位。在此，他略過了「爭」，而只說「不爭」。實際上，你若仔細想想，沒有「爭」，怎麼會有「不爭」？這是再明白不過的了。這說明他其實很在意「爭」，只不過他教導人們的是「爭」要超過一時一地，超過暫時的成功，要讓自己永遠立於不敗之地。

　　「以其不爭」，絕非被動人生。現實人生中以其不爭是指大有為而小「無為」，貌似無為，實則有為，眼下無為，長遠有為的一種處世哲學。可以說是百態人生中「曲徑通幽」、「曲線有為」的做法。順天意、順時勢、順民心、順人性，絕不是做被動狀，完全把自己交給大自然，像原始人那樣任自然擺布，由天養活，而是在順應客觀的同時，主動地、策略

地、樂觀地、自覺地去駕馭命運之舟，在人生的海洋中航行，正所謂「我就是我自己的上帝」。

在這方面，胡雪巖為我們做了很好的榜樣。

胡雪巖做生意，向來把人緣放在第一位。所謂「人緣」，對內是指員工對企業忠心耿耿，一心不二；對外則指同行的相互扶持、相互體貼。因此，胡雪巖常對幫他做事的人說：「天下的飯，一個人是吃不完的，只有聯絡同行，要他們跟著自己走，才能行得通。所以，撿現成要看看，於人無損的現成好撿，不然就是搶人家的好處。要將心比心，自己設身處地，為別人想一想。」胡雪巖是這麼說的，更是這麼做的，他的商德之所以為人稱道，很重要的一條，就是把同行的情看得高於眼前利益，在面對你死我活的激烈競爭時，做到了一般商人難以做到的：不搶同行的飯碗。

胡雪巖準備開辦阜康錢莊，當他告訴信和錢莊的張胖子「自己弄個號子」的時候，張胖子雖然嘴裡說著「好啊」，但聲音中明顯帶有做作的高興。原因何在？因為在胡雪巖幫王有齡辦漕米這件事上，信和錢莊之所以全力墊款幫忙，就是想拉上海運局這個大客戶，現在胡雪巖要開錢莊，張胖子自然會擔心丟掉海運局的生意。

為了消除張胖子的疑慮，胡雪巖明確表態：「你放心！兔子不吃窩邊草，要有這個心思，我也不會第一個就來告訴你。海運局的往來，照常歸信和，我另打路子。」

「噢！」張胖子不太放心地問道：「你怎麼打法？」

「這要慢慢來。總而言之一句話，信和的路子，我一定讓開。」

既然胡雪巖的錢莊不和自己的信和搶生意，信和錢莊不是多了一個對手，而是多了一個夥伴，自然疑慮頓消，轉而真心實意支持阜康錢莊。張胖子便很坦率地對胡雪巖說：「你為人我信得過。你肯讓一步，我欠你的

情，有什麼忙好幫。只要我辦得到，一定盡心盡力！」在胡雪巖以後的經商生涯中，信和錢莊給了他很大的幫助，這都要歸功於他當初沒有搶了信和生意的那份情誼。

不搶同行飯碗，是胡雪巖做人處事方式的基本準則。這裡既有避讓，又有謙讓，既有智慧，又有道德，運用如此嫻熟，真是令人嘆服。同時，我們還要看清的是，胡雪巖不搶同行飯碗的這一超凡做法，並不是純粹迴避競爭與衝突，而是舍去近利，保留交情，從而帶來更長遠、更巨大的利益。

另外一個例子也可作為不爭的佐證。

林先生年輕的時候，曾經在大學任教。他知識淵博，學貫古今，且言語幽默，因此深受學生們的喜歡，再加上他一向為人謙和低調，照理說是不會得罪他人。但是他卻成為了一名同事的眼中釘。

那名同事是一個思想比較守舊的人，對於林先生這樣的老師自然是不喜歡，他不僅不喜歡林先生這個人，更對他的授課方式大加詬病。在他看來，老師就要有老師的威嚴，身為大學教授，就應該為人嚴肅，一本正經地向學生傳授知識，而不能在課堂上與學生開玩笑。那顯得太不正經了。這名同事到處宣揚林的不是，這讓林多多少少有些心裡不是滋味。不僅如此，他還故意在林的面前表現得趾高氣揚，每次從林的面前經過的時候，不僅不打招呼，還一臉不屑走過去。

儘管如此，林也沒有找對方理論什麼，也沒有為自己辯駁，他依然是踏踏實實地做自己的工作，竭盡全力地講好每一堂課。林的朋友們紛紛為他打抱不平，都吵吵著要去幫他討個說法。但是林卻擺擺手說：「我來這裡是為了教出更多、更出色的學生去報效國家，而不是和人吵架鬥嘴的。現在去爭辯有什麼用？是非成敗日後自見分曉。」

　　幾年以後，林的授課方式不僅得到了學生們的認可，而且得到了其他老師和學校的主管的認可和歡迎。越來越多的學生願意聽林的課。不僅如此，林也培養出了大量的出類拔萃的學生。一切的結果都證明林的勝利，就連那名曾經看不起他的同事也不得不承認，林的確是技高一籌。

　　由此可見，不爭是一種手段，是爭的最高境界。只有不爭，才能成為最後的贏家。

　　老子之所以提倡這種不爭之爭，就是因為越是表面強勢的人，越容易成為眾矢之的，越容易被對手打敗，最終越是爭不到。

　　所以說，只有抱有這種不爭之德，才能得到天下人的擁戴而不相害，故而天下才沒有人能夠與之相爭。這種不爭的態度就是我們做人的大智慧。

┃ 無為而治 ┃

　　老子講「無為而治」，大多數人認為這是消極的人生觀，頹廢的哲學思想，其實不對。老子的哲學是一種退一進三、以退為進的哲學方式，是更高層、更深遠意義上的積極進取。

　　老子說：「無名之樸，夫亦將無欲。不欲以靜，天下將自定。」就是希望統治者能依照道的法則來為政。道法自然，自然是無為的，所以道業無為。靜、樸、無欲都是無為的內涵。統治者如果可以依照道的法則為政，不危害百姓，不胡作非為，老百姓就不會滋生更多的貪欲，他們的生活就會自然、平靜。

　　老子主張無為而為，做到了「無為」，實際上也就是有為。不僅是有為，而且是有「大為」。《莊子》中有一段陽子臣與老子的問答。

　　有一次，陽子臣問：「假如有一個人，同時具有果斷敏捷的行動與深入透徹的洞察力，並且勤於學道，這樣就可以稱為理想的官吏了吧？」

　　老子搖搖頭，回答說：「這樣的人只不過像個小官吏罷了！只有有限的才能卻反被才能所累，結果使自己身心俱乏。如同虎豹因身上美麗的斑紋才招致獵人的捕殺；猴子因身體靈活，獵犬因擅長獵物，所以才被人抓去，用繩子給捆起來。有了優點反而招致災禍，這樣的人能說是理想的官吏嗎？」

　　陽子臣又問：「那麼，請問理想的官吏是怎樣的呢？」

　　老子回答：「一個理想的官員功德普及眾人，但在眾人眼裡一切功德都與他無關；其教化惠及周圍事物，但人們卻絲毫感覺不到他的教化。當他治理天下時不會留下任何施政的痕跡，但對萬物卻具有潛移默化的影響力。」

　　這才是老子「無為而治」的至理名言。

　　道家的無為，並不是無所作為，而是無所不為。這種處事準則以虛靜無為作為根本，順應事物本身，因勢利導。由於它隨外物而變，沒有固定的模式或準則，故能窮究事物的真實面目。不先物而動，不後物而行，物來則應之，故能主宰萬物。不論有無法則，總能因時而變；不論有無限度，總能順應事物，與物一致。因此說：「聖人永垂不朽，因為他隨時應變，無所固執。虛無乃大道的常經；因循是君臨萬物的大綱。」

　　唐睿宗時，睿宗的嫡長子李憲受封宋王，十分受寵。睿宗的另一個兒子李隆基聰明有為，他殺死了篡權亂政的韋皇后，為睿宗登上皇位立下了大功。

　　按照禮制，李憲當被立為太子，有的大臣便對睿宗說：「嫡長子李憲仁德忠厚，沒有任何劣跡，立他為太子既合禮法，又合民心，望皇上早日定奪。」

　　睿宗感到李隆基雄才大略，最適合治理天下，所以一時陷入了兩難境地，立太子的事於是一拖再拖，沒有定論。

　　李憲看出了睿宗的心思，心有所悟，他對心腹說：「父皇不肯立太子，他是對我有疑問呐！李隆基雖不是嫡長子，但他功勞很大，父皇是中意他啊。」

　　李憲的心腹說：「於情於理，太子之位都是你的，這事絕不能相讓。我馬上和百官聯絡，共同上書，向皇上說明利害，一定促成這件大事。」

　　李憲的心腹和百官議定，當他們在起草奏書時，李憲急忙趕來，他對百官說：「我考慮了多時，決定放棄太子之位，你們就不要為我費心了。」

　　百官十分驚詫，他們說：「太子之位事關你的前程性命，怎會輕易放棄呢？自古這個位置你爭我奪，本是常事，有我們替你說話，你還怕什麼呢？」李憲說：「大丈夫做事有所為，有所不為，我是十分慎重的。贊平王李隆基是我的弟弟，他有大功於國，父皇有心立他為太子也是情理之中的事。我若據理力爭，不肯退出，我們兄弟之間必有大的衝突，朝廷就不會平安。如果危及了國家，我豈不是罪人嗎？這種事我絕不會做。」

　　李憲制止了百官，又親自上書推薦李隆基為太子，他說：「贊平王文武雙全，英勇睿智，他當太子有利於國家，我是衷心擁護他的。我個人的得失微不足道，請父皇不要為我擔心，早下決斷。」

　　睿宗很受感動，他對李憲說：「你深明大義，我就放心了。你有什麼要求，我一定都會滿足你。」

　　李憲一無所求，他說：「一個人只要順其自然，就沒有什麼事可以妨礙他了，我不會強求什麼。」

　　李隆基當上太子後，第一個拜訪李憲，他說：「大哥主動讓出尊位，不是大賢大德的人難以做到，大哥是如何設想的呢？」

李憲說：「你擔當大任，大唐才會興旺，我不能為了私利而壞了國家大事。望你日後勤政愛民，做個好皇帝，為兄就深感安慰了。」

李隆基連聲致謝，又說要和他共用天下。李憲不讓他說下去，他告誡李隆基說：「很多事是追求不來的，只有順應天命，才不會多受損傷。將來治國不要逞強任性，這樣效果會更好的。」

後來，李隆基登上了帝位，是為唐玄宗。他順應民情，推出了一系列利國利民的政策，使唐朝進入了另一個盛世，天下走向大治。

李憲在立太子事情上的無為，是深思熟慮的，他這樣做，既避免了一場宮廷內鬥，又使自己全身而退，同時還贏得了讓賢的美譽，可謂是一舉三得，何樂而不為呢？

在政治方面可以運用「無為而治」的方式來治理，在普通人的生活中這一思想也同樣適用。

「無為而無不為」，這幾個字中包含著豐富的哲理。無論做什麼事情，都是有所為有所不為的。人生當中，如果有人想無所不為，那麼最終的結果就會一無所為。領兵打仗也是這樣，有所取就要有所舍，有所攻就要有所守，貪心太大，必遭禍害。

無為而為，遂有另一層意思，即暫時的「不為」是為了長遠的「為」；表面的「不為」是為了實在的「為」。「無為而為」有時候是客觀形勢逼迫著你收斂鋒芒，藏而不露，以求安身立命、以得來日重圖大業。這就是所謂的「韜光養晦」之策。

第 13 堂課
命運 —— 這輩子只能這樣活嗎

｜找對位置，做對事｜

多年前，一對德國夫婦為他們正在上中學的兒子選擇了文學這條路，一學期結束，老師在男孩的評語中下了如此結論：該生很用功，但過度拘泥，這樣的人即使有著完善的品德，也絕不可能在文學上有所成就。於是男孩改學油畫，但他既不關心構圖又不喜歡調色，對藝術的理解力也很差。後來，他的化學老師發現他做事一絲不苟，具備做好化學實驗應有的品格，建議他改學化學。這一次，他的智慧火花被點燃了，其化學成績在同學中遙遙領先，以致後來他獲得了諾貝爾化學獎，他的名字叫奧托‧瓦拉赫（Otto Wallach）。

幾十年後，還是在德國，一個男孩迷上了小提琴，經過一段時間的刻苦練習，父母把他帶到了一位音樂教授面前，當男孩在教授面前勉強奏完一曲後，教授直截了當地告訴他，「這輩子別指望靠拉小提琴出人頭地了。」男孩非常難過，小提琴練習告一段落。據說，直到老年，他仍然只能勉強奏完那支唯一的曲子。但從一定程度來說，他的名字也是唯一的 —— 阿爾伯特‧愛因斯坦。

類似的例子還有很多，比如先學鋼琴後學哲學的馬克思、先學鋼琴後學政治的賴斯，先學文學後學生物學的達爾文等。他們的成功路，都在說明了成功的訣竅就是站在你應該站的位置，去經營自己的長處。條條大路通羅馬，此路不通，我們要及時繞行，絕不能在死路裡浪費時間。

著名漫畫家朱德庸說過：「我相信，人和動物是一樣的，每個人都有自己的天賦。比如老虎有鋒利的牙齒，兔子有高超的奔跑、彈跳能力，所以牠們能在大自然中生存下來。人也是一樣的，不過很多人在成長過程中把自己的天賦忘了，就像有的人被迫當了醫生，他可能是怕血的，那他不

會快樂，更不會成功。人們都希望成為『老虎』，但很多人只能成為『兔子』，久而久之就成了『四不像』。我們為什麼放著很優秀的兔子不當，非得要當很爛的老虎呢？社會就是這樣奇怪，本來兔子有兔子的本能，獅子有獅子的本能，但是社會強迫所有的人都去做『獅子』，結果出來一大批爛『獅子』。我還好，天賦或者說本能沒有被掐死。」

朱德庸這麼說，其實是有感而發。按照一般人的思維，20多歲就紅透寶島的朱德庸，上學時成績肯定很好，但他實際上是一個典型的差生，甚至差到了像個皮球似的被學校踢來踢去，到最後連最差的學校都不願意接收。

回想起那段日子，朱德庸說：「我的求學過程非常悲慘！學習障礙、自閉、自卑，只有畫畫使我快樂。外面的世界我沒辦法待下去，唯一的辦法就是回到自己的世界，因為這個世界裡有我的快樂。在學校裡受了老師的打擊，我敢怒不敢言，但一回到家我就拿起筆醜化他，然後心情就會變好……開始我也像老師一樣認為自己很笨，後來才明白自己不是笨，是有學習障礙。我發現自己天生對文字反應遲鈍，接受起來非常困難，但對圖形很敏感……幸運的是，我的父母從來不給我施加壓力，一直讓我自由發展。見我喜歡畫畫，爸爸經常裁好白紙，整整齊齊訂起來，給我做畫本。如果我的父母也像學校老師一樣逼我學習，那我肯定要死。每個人都有天賦，但有些人的天賦被他們的家長和社會環境遮蓋了，進而就喪失了。我很感謝我的父親，在我把全部精力投入繪畫時，父親非但沒有阻止，反而大力支持我。」

寶貝放錯了地方就是廢物。我們常說，尺有所短，寸有所長，每個人都有自己的長處，關鍵的是你能否意識到自己的長處，並努力去經營好它。經營自己的長處，會不斷給你的人生增值加分，而跟自己的短處較勁，只會使人迷失在失敗的泥沼裡。

　　沒有人反對天道酬勤、勤能補拙，可是與其用勤補拙，為什麼不試著把精力用在你原本就很優秀的方面呢？問問自己，我現在從事的工作或事業是我最擅長的嗎？鑽什麼也不要鑽牛角尖。很多目標雖然看上去令人激動，卻不一定適合你。很多領域雖然看上去適合所有人，但同樣不一定適合你。

　　我們要學會跳出圈外審視自己，既不夜郎自大，也不妄自菲薄，對自己有客觀的認識，給自己一個中肯的定位，才不會高估或低估自己的能量，才不會忽略自己的最佳發力點，從而走出一條真正適合自己的人生路。

　　可是現今仍有許多人，尤其是年輕人，常常會對前途感到無比困惑和恐懼，他們找不到自己的人生支點，不知道自己的前途在哪裡，自己最大的潛力是什麼，自己最應該從事的職業是什麼，只是一味地盲目跟風，結果繞了很多彎路。

　　一個人若對自己沒有準確的定位，對未來沒有合理的規劃，那麼他所有的努力和忙碌都只是在做一些無用功。為什麼有些人能在談笑間功成名就；有些人儘管忙忙碌碌，卻仍在原地打轉，沒有任何作為？其最主要的原因就在於是否對自己有一個準確的定位。

　　那麼如何為自己的人生定位？

‧　人的需求即志向，是人為之奮鬥、努力的目標和方向，這直接決定了他的動機，志向是成功的基本前提，沒有志向，一切的成功也就無從談起。俗話說：「志不立，天下無可成之事。」立志是人生的起跑點，反映著一個人的理想、胸懷、情趣和價值觀，影響著一個人的奮鬥目標及成就的大小。所以，為自己定位時，首先要了解你的需求，確立志向。

‧　學會經常地分析和問自己，弄清自身的現狀，對性格、經歷、能力等做一個正確的評估，這樣更有助於我們選擇一個適合自己的定位。只

有清楚地了解自己的優缺點，了解自己的能力和性格，才可能對所做的事情做出正確的選擇，才更有可能趨吉避凶，指引自己走向有利的方向，否則就會失去基礎平臺，空談理想和抱負。

· 要做到高點定位與低點起步相結合：高點定位就是在為自己定位時，把位置適當調高，這樣可以增強自信，提高生存層次。當然，我們也不能走向極端，以至於好高騖遠，而要在充分了解自身、了解現實的基礎上，做到低點起步。

· 避開自我定位的盲點：有的人給自己定位時，常以賺多少錢、做多大官作為標準，為此他們苦苦鑽營、疲於奔命。在為金錢患得患失，為權力鉤心鬥角之時，他們失去了太多的東西，甚至得不償失。所以，我們應該認知到，事業上的定位固然不可缺少，但不應該是生活的全部，在給自己的事業定位之前，首先要給自己的生活狀態一個正確的定位。

‖ 不怕做不到，就怕想不到 ‖

一位父親問孩子：「你知道如何做生意嗎？」

孩子說：「知道，就是將東西買來，然後再賣就可以了。」

父親搖搖頭，問他：「你知道芝麻多少錢一斤嗎？」

「10 元。」

父親又問：「知道糖多少錢一斤嗎？」

「20 元。」

「那芝麻糖多少錢一斤呢？」

「50 元。」孩子說。

父親說，這就是做生意的祕訣。很多東西不過是物品功能與功能的疊加再疊加。

當然，談起來都是相當容易的，做起來就不是那麼一回事了。現在的生意難就難在發現新亮點。也不是「疊加與再疊加」那麼簡單了。有人就說，還是劉永好他們那個時代生意好做啊。其實也不盡然，他們那時候風險更大。現在的生意也不是那麼難做，至少理論上是這樣的。所以我們常說，不來點「特別的」不行！這個「特別的」是什麼？就是「炒作」！

問題是你會「炒作」嗎？

有個改編笑話是這樣，在美國一個農村，住著一個老頭，他有三個兒子。大兒子、二兒子都在城裡工作，小兒子和他在一起，父子相依為命。

突然有一天，一個人找到老頭兒，對他說：「尊敬的老人家，我想把你的小兒子帶到城裡去工作？」老頭兒氣憤地說：「不行，絕對不行，你滾出去吧！」這個人說：「如果我在城裡給你的小兒子找個對象，可以嗎？」

老頭兒搖搖頭：「不行，快滾出去吧！」這個人又說：「如果我給你小兒子找的對象，也就是你未來的兒媳婦是洛克斐勒的女兒呢？」老頭兒想了又想，終於被「洛克斐勒的女婿」這件事打動了。

過了幾天，這個人找到了美國首富石油大王洛克斐勒，對他說：「尊敬的洛克斐勒先生，我想給您的女兒找個對象。」洛克斐勒說：「快滾出去吧！」這個人又說：「如果我給您女兒找的對象，也就是您未來的女婿是世界銀行的副總裁，可以嗎？」洛克斐勒同意了。

又過了幾天，這個人找到了世界銀行總裁，對他說：「尊敬的總裁先生，您應該馬上任命一位副總裁！」總裁先生頭也不回地說：「不可能，這裡這麼多副總裁，我為什麼還要任命一位副總裁呢，而且必須『馬上』？」

這個人說：「如果你任命的這個副總裁是洛克斐勒的女婿，可以嗎？」總裁先生當然同意了。

再說一個美國人，他說他要死了，要離開這個世界了，說如果誰有什麼話要對死去的人說，他可以帶話，每人每言收費 50 美元。結果，帖子一出，馬上就有很多人匯款，憑這個炒作，成了「10 萬元」戶。

還有一個英國人搞了一個「萬格網」，出租網站的格子，每個格子收費 100 美元。一下就收入豐厚了。有個留學生，回國後也搞了一個，也取得不錯的業績。

有人說，埋頭苦幹還要抬頭看路。的確，換一個角度尋找好主意，也是一種不錯的辦法。所以，再忙也要給自己留出思考的時間，這樣會比別人稍微走得快一點。

一位銷售員從總公司被派到歐洲分公司，他報到的時候，帶來了公司CEO 寫給分公司總經理的一張字條：「此人才華出眾，但是嗜賭如命，如你能令他戒賭，他會成為一名百裡挑一的出色銷售員。」

總經理看完紙條，馬上把這位銷售員叫到自己的辦公室：「聽說你很喜歡賭，這次你想賭什麼？」

銷售員回答：「什麼都賭，比如：我敢說你左邊的屁股上有一顆痣。假如沒有，我輸你 500 美元。」

這位總經理一聽大叫道：「好，你把錢拿出來！」

接著，他十分俐落地脫掉褲子，讓那位銷售員仔細檢查了一遍，證明並無痣，然後把銷售員的錢收了起來。事後，他撥通了 CEO 的電話，揚揚得意地告訴他說：「你知道嗎？那位銷售員被我整治了一下。這叫『以其人之道還治其人之身』，以毒攻毒。」

「怎麼回事？」

於是總經理把事情的經過講了一遍。CEO 嘆了口氣回答說：「他出發到你那裡之前，和我賭 1,000 美元，說在見到你的五分鐘之內，一定能讓你把屁股給他看。」

停了一會兒，CEO 又說：「不過，我和董事長打賭 5,000 美元，說你會讓這個銷售員看你的屁股。」

在這場環環相扣的博弈中，每個人都很聰明，但每個人又都是笨蛋，因為他們在把別人當作籌碼的同時，又成為別人賭局中的一個籌碼。但是笨蛋又有「大」、「小」之分，整場博弈中的最大贏家，實際上不過是損失最小的那個笨蛋而已。

在這個社會上，天才畢竟是少數，每個人都不可避免地要經歷「成」與「敗」。所不同的是，多數人把成敗總結於偶然性，如果失敗了，拍拍屁股爬起來頭也不回地向前衝，結果「在哪裡爬起來又在哪裡摔倒」，而且不止一次。只有少數有耐心的人，對自己的成敗會靜下心來觀察研究，發現和學習其中存在的規律性東西，使自己變得聰明起來，不再一次次成為「最大的笨蛋」。

敢拚不硬拚，鬥智不鬥力

狐狸騙得烏鴉，得到肉的故事以及狐假虎威的故事歷來被人們傳誦，透過這兩個故事，狐狸給我們留下了狡猾的名聲，但以今天的觀點來看，狐狸狡猾也並非是壞事，因為牠們懂得抓住自己的利益，懂得用自己的智慧，鬥智而不鬥力，輕而易舉地取得勝利。這值得我們予以肯定的地方。

明代劉基曾經舉過一個生動的例子：

老虎的蠻力與人比較的話，超過的絕不只是一倍的，而且，老虎還有

人類所沒有的尖利的爪牙。如此的話，老虎吃人就應該沒有可奇怪的了，雖然一般的人談虎色變，可是老虎吃人的並不多見，倒是老虎常常被人類用來製成各種各樣的用品。為什麼會這樣呢？劉基說原因在於：虎用力，人用智，虎自用其爪牙，而人用物。故力之用一，而智之用百。爪牙用各一，而物之用百，以一敵百，雖猛必不勝，故人之為虎食者，有智與物而不用也。

由此可見，做人做事也是如此。硬拚、硬撞是一種不明智的行為，不僅達不到收益的效果，還會把事情越搞越糟。賽凡提斯筆下的唐吉訶德（Don Quixote），把郊野的風車當作巨人，竟然提著長槍、騎著飛馬與之戰鬥，結果被風車刮倒在地。雖然他是勇敢的，但又是那麼荒唐、可笑。現實中，沒有人願意學習唐吉訶德的那種英勇無畏的精神。

《史記》裡記載了這麼一個小故事，項羽要與劉邦「獨身挑戰」，跟他單挑，「願與漢王挑戰決雌雄，毋徒苦天下之民父子為也」。意思是，我們兩個人一決雌雄就行了，何必苦天下之人民呢？劉邦笑謝曰：「吾寧鬥智，不能鬥力。」什麼原因呢？當時，楚霸王年紀輕、力量大、身體強壯，單獨比武打鬥，劉邦根本不是他的對手。所以劉邦寧願跟他鬥智，也不能跟他鬥力。

劉邦的做法是明智的。聰明人無論做什麼事情，都是「寧鬥智，不鬥力」，他們認為靠智慧取勝方為上策。

下面這則寓言故事，經常用來教育孩子遇到困難時要先動腦子，不要魯莽拚命、草率行事。

一個孩子在山上種了一片稻穀。稻穀快要成熟的時候，被野豬發現了。野豬鑽進地裡吃了一些稻穀、糟蹋了一些稻穀。

孩子找野豬去講理。野豬滿不在乎地說：「你的稻穀是讓我給糟蹋了，你想怎麼樣呢？」

孩子說：「我要你賠。」

野豬說：「我要是不賠呢？」

孩子說：「那我就叫你知道我的厲害。」

野豬說：「你還是算了吧，我有的是力氣。」

孩子說：「我光聽說野豬笨，沒聽說過野豬有力氣。」

野豬發火了，指著一塊大石頭說：「等我把這塊石頭扔到山下去，你就知道我的厲害了。」

野豬背起了大石頭，故意在草地上走了一圈兒，野豬順著陡坡把石頭扔下山去。石頭發出隆隆的巨響。野豬得意地「哼」了一聲。

孩子說：「背石頭不算力氣大，你能拔下一棵樹，我就相信你的力氣大。」

「那你就看好了！」野豬說著便拔起樹來。最後，真的把一棵松樹給拔下來了。

孩子說：「你能把松樹拖到前邊的河裡去嗎？如果你能把樹扔到河裡，讓它像船一樣漂起來，我就服你了。」

野豬真的把大樹拖到河裡了。可是，它已經累得筋疲力盡，站進河裡以後，本想爬到岸上來，卻「撲通」一聲落到水裡去了。孩子趁機跳過去，揪住野豬的耳朵，把牠的腦袋壓到水裡，灌了牠一肚子水。

野豬告饒了，答應了孩子的要求，給孩子賠償 ── 自己要當一頭牛，學會拉犁，幫助那個孩子種地。

由此看來，遇到什麼事情，都要靠智慧取勝。俗話說「四兩撥千斤」就是這個道理。

「大膽」不同於「魯莽」，二者是有本質區別的。如果你把一生的儲蓄孤注一擲，採取一項引人注目的冒險行動，在這種冒險中你有可能失去

所有的東西，這就是魯莽輕率的舉動。如果你儘管由於要踏入一個未知世界而感到恐慌，然而還是接受了一項令人興奮的新的工作機會，這就是大膽。

膽略是膽量，策略是方法。膽略與策略的關係是潛能與智慧的關係，其間的微妙關係也不是一成不變的。西楚霸王自刎烏江是膽略有餘，策略不當；周郎火燒赤壁是膽略過人，策略得當。如果把膽略和策略運用得恰到好處，定能無往而不勝。

人生的道路很漫長，途中不可避免地要遇到一些強於自己之人在中途擋住去路，而這對於我們來說則是一種考驗鍛鍊，使我們更加勇敢，更加有自信。所以，在面對強於自己的對手時，我們不必總是和他硬碰硬地蠻幹，我們要學會抓住每一分，每一秒，抓住他的弱點，鬥智而不鬥力。

要知道，在生活中，我們應該靠自己的「智」來提高生存素養，而不應該用「力」，做一些對自己、對他人毫無意義的無用功。

第 14 堂課
健康 —— 生命的價值高於物質

▏健康高於一切▕

　　現代的社會，生活越來越複雜，環境汙染，競爭壓力，人際關係這些都是我們每天必須面對的問題。很多人都在感嘆活得太累，身心疲憊，未老先衰。在這種情況之下，人們對健康的認知也在不斷地與時俱進。

　　過去，我們常常說，身體是革命的本錢，沒有一個好身體，一切就失去了意義。的確，你想創造成功的人生，首先就要有一個好身體。

　　阿圖爾・叔本華（Arthur Schopenhauer）曾經說過：「在一切幸福中，人的健康實甚過其他幸福，我們可以說身體健康的乞丐要比疾病纏身的國王幸福得多。」在現實生活中，人除了擁有自己的身體、生命之外，金錢、地位、權力……都是身外之物，然而，當一個人擁有了健康的身體，他實際上便擁有了人世間一切的財富。

　　克倫德斯曾經是美國最胖的好萊塢影星，在一次演出時因心肌衰竭被送進了當地的急救中心。搶救人員用了最好的藥，動用了最先進的設備，也沒有挽回他的生命。臨終前，這位影星絕望地說：「我的身軀很龐大，但生命需要的僅僅是一顆心臟。」

　　影星的話深深觸動了該院的院長，作為胸外科專家，他流淚了。為了表達對影星的敬意，也為了提醒體重超重的人，他讓人把這些遺言刻在了醫院的大樓上。

　　後來一位叫默爾的美國人也因心肌衰竭住了進來，他是位石油大亨，兩伊戰爭使他在美洲的十家公司陷入危機，為了擺脫困境，他不停地往來於歐美之間，最後舊病復發，不得不住了進來。不同的是，默爾的心臟手術很成功，然而讓人想不到的是當他出院後，他並沒有回美國的家，而是把自己的公司賣掉，回到了蘇格蘭鄉下的別墅。當有人問他為什麼要這樣做時，他

說，富裕和肥胖沒有什麼兩樣，只不過是獲得了超過自己需要的東西罷了。

現實生活中，為了事業成功和實現「自我價值」，許多人更多地「馳騁」在交際場上，結交「酒肉朋友」。這種生活方式往往以健康為代價。不排除一些人樂此不疲，但恐怕多數人是身不由己。其結果可想而知，不僅疏遠了妻子和家人，而且還傷害了自己。

所以，在當今社會中，我們要提升自己的健康觀念。健康觀念是以現代科學印證和健康知識為基礎的、全面綜合的、內容廣泛的健康概念，它把健康定義為不僅僅是身體沒有疾病，而是身心健康。現代社會，經濟的發展使人們越來越多地擁有了更加優越的生存環境和豐厚的經濟收入，但物質生活水準的提高並不能絕對保證人們擁有健康。事實說明，人們在充分享受物質聞名的成果時，忽視健康觀念，現代富貴病越來越多了。現代人追求生活品質和財富花費了太多的時間和精力，許多人在功名利祿的巨大誘惑下失去心理平衡，有些人儲蓄財富的同時，也在不斷地透支著生命。所以健康既包括身體健康，又包括心理健康。

身體健康需要用「五快」來衡量，而心理健康需要用「三良」來衡量。

「五快」是指：快食、快眠、快便、快語、快行。其具體內容為：「快食」包括胃口好、不挑食、不偏食、不狼吞虎嚥；「快眠」是指入睡快、睡眠品質高、精神飽滿；「快便」是指大小便通暢、便時無痛苦、便後感舒適；「快語」是指思維敏捷、說話流利、口齒清楚、表達正確；「快行」是指行動自如、步伐輕捷。

「三良好」（心理的健康標準）是指：良好的個性、良好的處世能力、良好的人際關係。「良好的個性」是指：樂觀處事、為人謙和、正直無私、情緒穩定；「良好的處世能力」是指：觀察事物客觀現實，能較好地適應複雜的環境變化；「良好的人際關係」是指：與人為善、心情舒

暢、團隊關係好、人緣關係好。

不僅如此,「精、氣、神」也是人體生命活動中十分重要的物質。自太上辟道以來,歷代仙家都很重視人體精、氣、神的修練,並把它們看作是人體最寶貴的東西。

《周易·繫辭》上說:「精氣為物,遊魂為變,是故知鬼神之情狀。」道教認為精、氣、神是生命的三大元素,丹經稱為「三寶」,三寶健旺則身強,三寶枯竭則身病。從中醫上講,人的生命起源是「精」,維持生命的動力是「氣」,而生命的展現就是「神」的活動。所以說,精充氣足,氣足神就旺;精虧就虛,氣虛神就少。反過來說,神旺說明氣足,氣足說明精充;神少說明氣虛,氣虛說明精虧。中醫評定一個人的健康狀況或是疾病的逆順,都是從這三方面考慮的。由此看來,只有維護好「三寶」才能達到健康長壽的目的。

當然,也許有的人會說,我並不想長壽,我的目的就是在我有限的生命中賺更多的錢來享受生活。所以,這樣的人多半是在年輕的時候用健康去換金錢。然而,不知這樣的人是否想過,一個人腦力的充足,全部依賴於健康,而一個身體健康的人,其才幹與效能,要超過十個體弱者的才幹與效能。可見,健康是成功的前提,只有保持身心健康,我們才能用最大的力量來應對工作,才能取得我們想要達到的成就。因此,保持健康迫在眉睫。

‖ 空虛是健康的大敵 ‖

卡內基曾說,在紛繁複雜的現代社會,只有能保持內心平靜的人,才不會變成神經病。一顆平靜的心是我們看清世界的關鍵。在諸多影響人類心緒的情緒中,空虛是危害健康的存在,可以說,幾乎每個人都有空虛的時候。

生活中，空虛往往會在不經意間侵襲人的心頭。有空虛感的人起床後覺得今天也不過如此，明天也不過如此，也許以後都會如此。空虛就像飄在夜空中的最後一層濃霧，不能驅散，四處彌漫。空虛沒有味道，沒有顏色，就像空氣一樣永遠存在，一深呼吸就充溢整個胸腔，使人的內心會隱隱的痛，雖不椎心刺骨，卻如同菟絲花慢慢地讓你越來越心神不定，無論外界怎樣刺激也無關痛癢。

小白的真情告白：「剛讀高中的時候，我還沒有什麼憂愁，可從高一下學期開始，無論何時何地我總會感到一陣陣煩躁，煩躁的原因有來自生活上的，也有來自學習上的。」

「在課業上我一直是中上水準，可後來不知怎麼搞的，大概是幾次考試失利的緣故吧，我感到學習很沒動力，成績也落後了，班導找我談了幾次，我也沒什麼變化，我對什麼都無所謂了。想來想去，覺得生活沒意思，真的沒意思。同學們都在那裡學習，可是學習好了又有什麼用呢，究竟為了什麼呢？成績再好也免不了生老病死。學校有時也做一些活動，但內容幾乎和小學生一樣，各種評獎只不過是些幼稚的活動，我真的覺得很無聊。家裡，爸爸每天出入花鳥市場、炒股票、打麻將，對我的課業一點也不關心；媽媽除了做家事，只會每天盯著我，嘮嘮叨叨說個不停，一會兒說我頭髮長了，一會兒又數落我東西沒放整齊……事無鉅細，她都要嘮叨一番，我都替她累。有時夜深，獨自坐在書桌前，望著一大堆功課，我會想很多：活著真沒動力，就這樣一天天混下去也不知有什麼結果，真想離開這個灰暗的人生，有個新的開始……」

在成長的過程中，一些年輕人會不停地追問生命（生活）的意義，其實答案是很豐富的。但是如果碰巧接觸生活的很多陰暗面，得到的是「生命本無意義」的答案，他們往往就會感到痛苦、無聊，甚至覺得生活沒意

思，相應地就會產生空虛感。我們常說，事物都有一體兩面，所以即使當生活的硬幣翻到消極的一面，也要學會用積極的心態，用另一副「眼鏡」看世界。

從心理學的角度看，空虛是一種消極情緒。這是它最重要的一個特點。被空虛所乘機侵襲的人，無一例外的是那些對理想和前途失去信心，對生命的意義沒有正確認識的人。他們或是消極失望，以冷漠的態度對待生活，或是毫無朝氣，遇人遇事便搖頭。為了擺脫空虛，他們或抽菸、喝酒、吸毒，打架鬥毆，或無目的地遊蕩、閒逛，沉醉於網路遊戲，之後卻仍是一片茫然，無謂地消磨了大好時光。空虛帶給人的是百害而無一利。

那麼，我們在生活中該怎樣擺脫空虛感呢？從下面的寓言中我們或許能感悟到真諦：

神孜孜不倦地造人，一個一個地造出來又一個一個地被魔吃掉。有一天，魔終於忍不住了，暴怒地對神吼道：「你不要再造人了，再造人，我連你一起吃了！」神的眼裡淌出了淚水，說：「可是我總得有事做呀！否則我會很寂寞的。」魔沮喪地垂下了頭，低聲說：「我也是。」

我們每天重複地做著許多事，其實就是為了逃避空虛。

空虛是無盡的黑暗，是糾纏的恐怖，是沒有血肉的空空袍袖，是用理不清剪不斷的蛛絲編織的網，所以要逃離空虛。於是，有人一圈圈孤獨地散步，有人拖著滑鼠在網路裡遊蕩……

現實生活中，擺脫空虛感可以採用以下五種方法：

· **調整需求目標**：空虛心態往往是在兩種情況下出現的：一是胸無大志；二是目標不切實際，使自己因難以實現目標而失去動力。因此，擺脫空虛必須根據自己的實際情況，及時調整生活目標，從而調動自己的潛力，充實生活內容。

- **求得社會支持**：當一個人失意或徘徊時，特別需要有人給以力量和支持，予以同情和理解。只有獲得社會支持，才不會感到空虛和寂寞。
- **博覽群書**：讀書是填補空虛的良方。讀書能使人找到解決問題的鑰匙，使人從寂寞與空虛中解脫出來。讀書越多，知識越豐富，生活也就越充實。
- **忘我地工作**：勞動是擺脫空虛極好的措施。當一個人集中精力、全身心投入工作時，就會忘卻空虛帶來的痛苦與煩惱，並從工作中看到自身的社會價值，使人生充滿希望。
- **目標轉移**：當某一種目標受到阻礙難以實現時，不妨進行目標轉移，比如在學習或工作以外培養自己的業餘愛好（繪畫、書法、打球等），使心情平靜下來。當一個人有了新的樂趣之後，就會產生新的追求；有了新的追求就會逐漸使生活內容得到調整，進而從空虛狀態中解脫出來，迎接豐富多彩的新生活。

當你和空虛頑強鬥爭的時候，請記住普希金的這句詩：「生活不會使我厭倦。」

會休息的人，才會生活

承擔事業責任是人類與生俱來的基本需求，只注重事業成功，為工作失去生活，這是得不償失的，我們應該更多地關心自己，找回真實的生活。工作在職場快節奏中的上班族們，他們在職業生活裡奔跑，為了不遲到，他們步履匆匆；為了趕時間，他們在速食店裡狼吞虎嚥；為了提升自己，「充電」學習進速成班；為了工作，為了家庭……他們每天都在跟時針、分針甚至秒針賽跑，到頭來有些人為了承擔事業的重任，而把生活拒

之千里之外……健康更成為一種奢侈。

　　小王是一個十分敬業的主管，差不多每天都是馬拉松式地工作著。不但他個人如此，甚至要求下屬，和他一起共同奮鬥。其中一個叫小張的下屬，也是抱著「工作就是生活的全部」這種態度。這樣的工作方式讓他們取得了很大的成就，但也讓小張感到很累，他一直以為這就是生活，然而有一日，小張的兒子跌傷了腳，這皮外傷固然不礙事，問題就出在兒子對他的態度猶如陌生人，若即若離。這種陌生感讓小張受到很大打擊，他發現原來自己以前對生活的理解是錯誤的。這種錯誤，讓自己感到很累的同時，也讓家人感到疲憊。為了改變這一現狀，他和上司小王商議，尋求解決之道。雙方協商後提出：「以工作成果來評價我的能力，而不是以我逗留在辦公室的時間作為表現的準則。」在這個原則下，小張有了個人的空間，有時間來改善父子關係，同時，也可以趁機給自己的身心放個假。

　　這件事告訴我們一個道理：工作是我們生活的一部分，但不是全部，一個人要會工作的同時，也要會休息。除了工作，生活中還有很多需要我們花時間和心思去處理的事情，學會休息，給身心放個假是十分必要的。

　　我們生活在一個壓力極大的社會環境中，為了生活，為了生存，我們承擔起繁重的責任，比如社會責任、事業的責任、家庭責任，我們拚命地工作，但在實際上，不管我們有意或無意、主動或被動，工作幾乎成了生活的唯一內容和支柱。一旦失去了工作，我們不僅會在物質上垮掉，同時也會在精神上垮掉。而在工作中，由於各種原因，又會使我們時時感受難以解脫的束縛，經受無法避免的挫折，從而體驗到深刻的無力感與無奈。

　　很多人既想在工作上做出一番令人刮目相看的成就，又想過著自在愜意的生活。可是，結果總是兩頭不討好，往往得到了這個，失去了那個。為什麼會如此呢？原因很可能出在把工作與生活混為一談。

其實，工作就是工作，生活就是生活，如果錯把謀生的工具當成人生的目標，而且太把它當成一回事，就會把自己弄得一團亂。

我們要知道，工作和生活，兩者應該盡可能地區分開來，工作與生活是兩回事，應該用兩種不同的態度來看待。工作上，你演的只是職務的角色；而回到真實生活裡，你要演的才是你自己。

約翰·藍儂（John Lennon）說：「當我們正在為生活疲於奔命的時候，生活已經離我們而去。生活沉重是我們更多的運用了加法，不妨運用一下減法來生活，你會更輕鬆。」

有這樣一個人，他覺得生活很沉重，便去見哲人，尋求解脫之法。哲人給他一個簍子背在肩上，指著一條沙礫路說：「你每走一步就撿一塊石頭放進去，看看有什麼感覺？」那人照哲人說的去做了，哲人便到路的另一頭等他。過了一會兒，那人走到了頭，哲人問有什麼感覺？

那人說：「覺得越來越沉重。」哲人說：「這也就是你為什麼感覺生活越來越沉重的道理。當我們來到這個世界上時，我們每人都背著一個空簍子，然而我們每走一步都要從這世界撿一樣東西放進去，所以才有了越走越累的感覺。」

那人問：「有什麼辦法可以減輕這沉重嗎？」

哲人問：「那麼你願意把工作、愛情、家庭、友誼哪一樣拿出來呢？」那人不語。

哲人說：「我們每個人的簍子裡裝的不僅僅是精心從這個世界上尋找來的東西，還有責任。」

生活就是這樣，你要想在簍子裡多裝東西，就得比別人更辛苦，就要付出更多的責任。人生，本來就是一次旅行。只不過這趟旅行，只有起點，沒有回程。因此，只有放慢腳步，才能品嘗人生。

　　走，是為了到達另一個境界；停，是為了欣賞人生。我們不必把每天都安排得緊緊的，總要留下一點空間，來欣賞一下四周的美景。

　　無休止的快節奏給執著的追夢人帶來豐厚的物質回報的同時，也給他們帶來了心靈的焦灼，精神的疲憊，以及健康的每況愈下。這些和時間賽跑的疲於奔命的「快」已使自己迷失了生活方向，使自己離健康幸福的生活越來越遠，我們不妨讓自己慢下來，我們靜下心來讀一些書籍，喝一杯淡雅的茶，與朋友交談一下；推掉一些可放棄的應酬早早回家；開始把週末留給家人、朋友間的團聚……開始慢動作，慢慢吃，慢慢讀，慢慢思考……

　　所有的「慢生活」與個人資產的多少並沒有多大關係，只需要有平靜與從容的心態。其實，真的不必等到實現了夢想，完成了責任才開始休息，如果你一定要執著地抱著這個想法，你永遠等不到那一天，你恐怕要抱恨終身了。如果你真的珍惜生命，奉勸你從現在開始，堅決摒棄這種「快」的工作方式。學會愛惜自己，給身心放個假，找回健康充滿活力的人生，是我們眼下最需要解決的事情。

　　然而，有人認為休息不休息無所謂，即使少休息一會兒也沒什麼，殊不知，人的精力體力總是有限的，無休止地工作，不但不能提高工作效率，反而嚴重損害健康，那是得不償失的事。沒有健康的體魄，哪還能談什麼工作效率呢？正確的態度是有勞有逸、動靜結合，工作時聚精會神，休息時就盡量放鬆，哪怕工作再忙，也要保證必要的休息。這樣不但能提高工作效率，而且精神愉快，有益健康。

　　休息是一種境界，一種克服了急躁與盲動之後的精神上的昇華，學會休息，也就得到了更大的生命力量！

　　總之，不會休息的人不會工作，不會休息的人不會生活，不會休息的人也不會擁有健康。

第 15 堂課
寬容 —— 虛懷若谷，有容乃大

┃寬容他人就是寬容自己┃

　　林則徐有一句名言：「海納百川，有容乃大。」與人相處，有一分退讓，就受一分益；吃一分虧，就積一分福。相反，存一分驕，就多一分屈辱；占一分便宜，就招一次災禍。所以說：君子以寬容忍讓為上策。

　　在這個世界上，有許多不幸的事都是由於人們之間缺乏包容心而引發的。這些皆因人與人之間的無法容忍與無法包容，和愚昧是同樣的意義，而且這種愚昧，還是野蠻人和暴徒的愚昧，因為他們對於世間的事物認知不清，由隔閡而誤會，由誤會而發怒。法國人有句話：「能夠了解一切事物，便能寬恕一切事物。」

　　寬容，是一個人良好心理的外殼，它往往折射他的處世的經驗，待人的藝術以及良好的涵養。學會寬容，需要自己吸收多方面的「營養」，需要自己時常把視線集中在完善自身的精神結構和心態上。否則，一個只會咄咄逼人而不知寬容為何物的人，只會被人們嗤之以鼻，不屑一顧。

　　一位老人寫了一首詩，他稱讚道：寬容是蔚藍的大海，納百川而清澈明淨；寬容是高闊的天空，懷天下而不記仇恨怨憤；寬容是燦爛的陽光，送你甘霖送你和風；寬容是延續生命，生命的輝煌也只有閃爍的一瞬；寬容大度才能超越局限的自身，一次寬容，雨露繽紛，一生寬容，心繫乾坤。

　　寬容了別人，等於善待了自己。它能使自己的生活變得輕鬆，快樂。經歷過風和雨，才能領悟到人生的苦和樂、愛與恨，才知道人生中應該忘記什麼、記住什麼、原諒什麼、學會什麼，那樣才是舉重若輕。最該忘記的是你曾幫助的人，最該原諒的是曾經傷害過你的人，最該放棄的是功過是非、名利得失，最需要學會的便是寬容別人。

　　劉俊明的一位窮困潦倒的遠房親戚來找他借錢，說她丈夫因遇到車

禍，住進了醫院。劉俊明當時真的從感情上無法接受她。因為一見她，往事又浮現在他的眼前，真不想讓她走進自己的家門。原來在 20 多年前，劉俊明借錢給她的丈夫娶了她。當劉俊明在遇到困難時，而且是急需用錢時，劉俊明只想要回借給他的錢。而娶進來的她，死活不認帳，而且當劉俊明母親代表劉俊明去表達想法，想要回劉俊明借給他們的錢時，他們還動手打了劉俊明年近 70 歲的老母親。為了母親，劉俊明決定不要這錢了。多少年過去了，一提起這件事劉俊明仍氣憤難平。

後來，在她吃飯的時候，劉俊明順手拿起一本雜誌坐在客廳的沙發上看，雜誌上的一段話給了他很深的啟發：人世間最寶貴的是什麼？是寬容。寬容是世界上的稀有珍珠，寬容的人幾乎優於偉大的人，善於寬容的人，總是在播種陽光和雨露，醫治人們心靈和肉體的創傷。

與寬容的人接觸，智慧得到啟迪，靈魂變得高尚，胸懷更加寬廣。

等到她吃過飯走進客廳時，劉俊明想：按照她的品行，不應該去同情她。但過去的事已經過去了，再提也沒有什麼意義，何況母親已經不在了。怎麼能和他們一般見識？自己應該學會寬容，做一個寬容大度的人，去原諒他們的過錯。現在她丈夫生命垂危，自己不能見死不救。然後，劉俊明跑進屋裡，拿了 5,000 元交給了她，並誠懇地說：這錢拿去給你丈夫治病，不要你還了。劉俊明知道她根本沒有能力還錢，最起碼在 20 年內。另外，劉俊明又拿給了她丈夫價值 2,000 元的營養品，讓他手術後好好調養。她當時非常震驚和感動，撲通一聲就跪在地上，淚流滿面地說：「我對不起您，我們欠您的錢，包括以前的錢，我這輩子還不了，我來世還給您，您的大恩大德我一輩子也報答不完，我給您磕頭。」看到她這個樣子，劉俊明又悲又喜，眼淚情不自禁地流了出來。當時劉俊明的心情是複雜的，說不清是愛還是寬容。

從那件事情以後，劉俊明的心情輕鬆了不少。一生中最讓他恨的人，他都原諒了，他還有什麼做不到的呢？寬容之於愛，正如和風之於春日，陽光之於冬天，它是人類靈魂裡美麗的風景。

這個故事說明了一個什麼道理？是寬容嗎？也是，也不是。生活中，很多人之所以過得不開心，就在於他們過於計較別人對自己的態度。很多人都沒有亞歷山大那麼高的地位，但卻比亞歷山大還難以伺候。男朋友接她晚了半分鐘，生氣；同事跟她開句玩笑，生氣；老媽沒做她最喜歡吃的菜，生氣；路人多看了她兩眼，生氣；自己不小心摔了一跤，也生氣——這路怎麼沒人修呢？

大千世界，紛紛擾擾，很少有人從來沒有生過氣，但一個人不能整天活在氣憤或憂鬱中。如果一個人總是這也氣，那也氣，那就不是別人在氣他，而是他自己在氣自己。所以，每個人都應擁有一顆王者之心，像亞歷山大那樣，多些寬容，少些計較。否則時間一長，你會變得連自己都不喜歡自己。

哲人說，我們之所以不快樂，倒不是因為我們擁有的太少，而是我們計較的太多。人生有喜就有悲，事情有弊就有利，我們只是習慣了把注意力集中在事物的陰暗一面，不會自寬自解，不會從積極的角度看問題。

當然，不計較、看得開說來簡單，實行起來卻殊為不易。不經過一番靈魂的洗禮和鬥爭，一個久食人間煙火的凡人，往往很難看開。很多人都說自己看破了紅塵，不過是自欺罷了。他們與其說是看開，還不如說是得過且過。真正的看開，是以對生活的無限熱愛來融解世間的諸多失意，真正看開的人，無論何時何地，都能像蘇格拉底（Socrates）等先哲那樣，始終保持開朗、豁達的心境。

一句話，人生苦短，容不得太多的計較。上蒼賜予我們生命，絕不是

讓我們用來煩惱和痛苦的。做人要拿得起放得下，只要心胸足夠豁達，人間就沒有什麼事情能令你沮喪。

∥ 人生最大的禮物是寬恕 ∥

寬恕，是人類的一種美德，寬恕本身，除了減輕對方的痛苦之外，事實上，也是在昇華自己。因為，當我們寬恕別人的時候，我們反而能得到真正的快樂。犯錯是常見的平凡，寬恕卻是一種超凡。假如我們看別人不順眼，對別人的行為不滿意，痛苦的不是別人，而是自己。

寬恕是一種能力，一種控制傷害繼續擴大的能力。寬恕不只是慈悲，也是修養。

有能力責罰卻不去責罰，反而給予平等的待遇，這樣不但能夠感化敵人，為我所用，更能夠樹立自己的威望，得到更多人的尊敬和擁戴，從而將敵人轉化為朋友，少了一個敵人，便少了一些障礙，最終還是於己有益處的。

《兵經百篇》說：「戰勝勇敢一定要用智謀，戰勝智謀一定要用德行，戰勝德行一定要修行更加寬容的德行。」衡量一位領導者的成就大小，就看他能否修行寬容的德行。唯有寬恕別人，才能容忍別人；唯有容忍別人，才能領導別人；唯有具備領導別人能力的人，才能成就他的偉大事業，才能「為天地立心，為生民立命，為萬世開太平」。「以怨恨回報怨恨，怨恨就沒有盡頭；以德行回報怨恨，怨恨就頓時消失。」這是處世的準則。

古時候，有個年近古稀的老宰相，娶了個名叫彩玉的小媳婦。彩玉年方二九，長得如花似玉。自從嫁給這位老宰相，雖說有享不盡的榮華富貴，可是她總是悶悶不樂，暗暗埋怨父母不該把她嫁給一個老頭子。

　　一天，彩玉獨自到後花園賞花散步，碰上了住在花園旁邊的年輕帥氣的家廚。這位趙姓家廚做得一手好吃的祖傳聖旨骨酥魚，在古代，沒有延緩衰老、養顏美容類的藥品、保健品，達官貴人的家眷養顏美容全靠食療，聖旨骨酥魚不僅骨刺全酥，想要怎麼吃就能怎麼吃，而且聖旨骨酥魚汁是保持年輕貌美的極品，且獲得過 12 道聖旨的御封。彩玉和年輕的家廚相談甚歡並由此一見鍾情。從那以後，彩玉常常偷偷地到後花園裡和趙姓家廚相會。有一回，彩玉對趙廚說：「你我花園相會，好時光總讓人覺得纏綿難分。我有一計，可使我們天天都在一起相處。」趙廚問什麼妙計，彩玉就如此這般地說出了自己的主意。

　　原來，老宰相恐怕誤了早朝，專門養了一隻「朝鳥」。這鳥天天五更頭就叫，老宰相聽到鳥叫，就起身上朝。彩玉讓趙廚四更前就來用竹竿捅朝鳥，讓牠提前叫，等老頭子一走，他倆就可團聚了。

　　這天，老宰相聽到朝鳥的叫聲，連忙起身。等來到朝房門外，剛好鼓打四更。他想，這鳥怎麼叫得不準了！就轉身回了家。當他走到自家的房門外，聽到彩玉說：「以後早點來捅一下朝鳥。」停了一會兒又說：「你真像你做的聖旨骨酥魚，雖然我每天吃，但還是天天吃不夠，在我心裡你新鮮得就如一枝花。」趙廚說：「你活像粉團，卻配了一塊老薑。」宰相聽到這裡，氣得渾身發抖，但並沒有聲張，又上朝去了。

　　第二天正是中秋佳節，老宰相有意把彩玉和趙廚叫在一起，在後花園牡丹亭中吃酒賞月。酒過三巡，月到中天，老宰相捋了捋鬍子說：「今晚咱賞月作詩，我先作，你倆也要接我的詩意謅上幾句。」說罷就高聲吟道：「中秋之夜月當空，朝鳥不叫竹竿捅。花枝落到粉團上，老薑躲在門外聽。」

　　趙廚一聽，自知露了餡，趕緊跪在桌前，說：「八月中秋月兒圓，小廚知罪跪桌前，大人不把小人怪，宰相肚裡能撐船。」

　　彩玉見事情已經挑明，也連忙跪倒在地，說：「中秋良宵月偏西，十八妙齡伴古稀。相爺若肯抬貴手，粉團剛好配花枝。」

　　老宰相聽了哈哈大笑說：「花枝粉團既相宜，遠離相府成夫妻。兩情若是久長時，莫忘聖旨骨酥魚。」

　　彩玉和趙廚聽了，連忙叩頭謝恩。從此，「宰相肚裡能撐船」這個典故和聖旨骨酥魚慢慢在民間開始流傳。

　　這位宰相的寬容與忍讓成全了一段佳緣，這難道不是忍讓之美嗎？

　　「大肚能容，容天下難容之事；開口便笑，笑世上可笑之人」。凡有彌勒佛的寺廟裡，我們經常可以見到這副對聯。這副對聯是講度量的，人能達到能容天下萬事萬物的度量，其思想便是進入「禪」的高層境界了。度量，是對他人長處、短處和過錯的一種包容。度量大，能得人心、能團結人以成其強大，對創造和諧的工作環境十分有益。

　　可是在日常生活和工作中，有不少人往往為了非原則問題，為小小皮毛問題爭得不亦樂乎，誰也不肯甘拜下風，有時說著論著就認真起來，嚴重的還要大打出手，人與人之間的關係由此走向破裂的邊緣。

　　要知道仇視、憤恨對我們自身都沒有任何益處，只能徒傷自己而令敵人稱快。「為你的仇敵而怒火中燒，燒傷的是你自己」。因此，耶穌在《聖經》裡鼓勵人們「愛你的仇人」，「愛你們的仇敵，善待恨你們的人。詛咒你的，要為他祝福；凌辱你的，要為他禱告」。如果你用報復的手段對待對手，你會招致一個什麼樣的後果呢？它將使你的對手更堅定地站在你的對立面，阻撓、破壞你的行動，破壞你創造的一切成果；而你也會因為心中充斥報復的憤怒無暇他顧，你的理想和目標就不會那麼輕易地實現。

　　所以，不為別的，只為了實現你的理想和抱負，學會寬恕那些曾經傷害過你的人吧！當別人損害你的利益，你也應以一顆寬容的心對待他。

　　度盡劫波兄弟在，相逢一笑泯恩仇。當我們回首往事時，昔日那些讓我們最仇視、最痛恨、給我們嚴厲指責的人，恰恰是我們最懷念的人；那個對我們要求得近乎不近情理的老師，那個與我競爭激烈的同學 —— 正是他們，促使我們的人格昇華。

　　只要我們把目光放遠一點，著眼未來，我們就能想到，那些今天最讓我們痛恨的人，也許就是將來最讓我們懷念的人。這樣，我們就能恨意頓消和他們相逢一笑泯恩仇，同時我們不僅僅拆除了一堵牆，更重要的是，又為自己開闢了一條新路。於是，心靈的空間又多了光亮，又多了條出路。

得饒人處且饒人

　　在人生旅途中，相信每個人都會遇到一些令自己傷心，痛苦，憤怒的事情。它們大多是來自親人，朋友，伴侶，同事帶給自己有意無意、或多或少、或深或淺的傷害。這些經歷都會讓我們心生怨恨，委屈不甘。甚至陷入深深的怨恨之中不能自拔。那是一種有苦說不出的痛，是久久不能釋懷的掙扎。陷在其中的人是一種無語言狀的悲哀，更是一種欲說還休的無奈。是一種蒼涼，一種哀痛，一種心淡到心死的過程。走不出怨恨的心作繭自縛，傷痛的心似千斤重，看不到明媚的陽光，找不到快樂的天地。

　　原諒，就是一種包容，一份愛心，一種慈悲更是一種解脫。拋開心中怨恨、不滿和不甘，不要讓這些令人窒息的情緒壓迫你沉重的心靈；它們會像滿天的烏雲遮住了的陽光，使你的雙眼看不到光明，感受不到人間的歡樂，你若是長久地任其在心中蔓延生長，它就會像花園裡的雜草，四處叢生，無法控制；原諒那些令你生氣的人，讓所有蒙蔽在心靈的烏雲隱退，沉重如鉛

的怨恨將放下，讓一切的不甘煙消雲散，心情自由快樂的飛翔。

生命是短暫的，匆匆數十年；生命是脆弱的，許多人和事我們都無法掌握。過去了的光陰似箭，未來的歲月不可預知。在有限的時間裡，有太多美好的事物值得我們去追求；有太多的文字等著我們一一去領悟，太多的自然美景等著我們去探索；更有許許多多的美食等著我們去品嘗；與其把大量的時間浪費在記恨上，不如用來好好地享受生命，享受快樂，享受愛與被愛。

一位高僧受邀參加素宴，席間發現在滿桌精緻的素食中，有一盤菜裡竟然有一塊豬肉，高僧的隨從徒弟故意用筷子把肉翻出來，打算讓主人看到，沒想到高僧卻立刻用自己的筷子把肉掩蓋起來。一會兒，徒弟又把豬肉翻出來，高僧再度把肉遮蓋起來，並在徒弟的耳畔輕聲說：「如果你再把肉翻出來，我就把它吃掉！」徒弟聽到後才再也不敢把肉翻出來。

宴後高僧辭別了主人。歸途中，徒弟不解地問：「師傅，剛才那廚子明明知道我們不吃葷的，為什麼把豬肉放到素菜中？徒弟只是要讓主人知道，處罰處罰他。」

高僧說：「每個人都會犯錯，無論是有心還是無心。如果讓主人看到了菜中的豬肉，盛怒之下他很有可能當眾處罰廚師，甚至會把廚師辭退，這都不是我願意看見的，所以我寧願把肉吃下去。」

為人處世固然要「得理」，但絕對不可以「不饒人」。留一點餘地給得罪你的人，不但不會吃虧，反而會有意想不到的驚喜和感動。每個人的價值觀、生活背景都不同，因此生活中出現分歧在所難免。大部分人一旦身陷鬥爭的漩渦，便不由自主地焦躁起來。一方面為了面子；另一方面為了利益，因此一得了「理」便不饒人，非逼得對方鳴金收兵或投降不可。

然而，「得理不饒人」雖然讓你吹響了勝利的號角，但這卻也是下一

次爭鬥的前奏。因為對方雖然「戰敗」了，但為了面子或利益他自然也要「討」回來。

在日常生活中，留一點餘地給得罪你的人，給對方一個臺階下，少講兩句，得理饒人。否則，不但消滅不了眼前的這個「敵人」，還會讓身邊更多的朋友疏遠你。俗話說，得饒人處且饒人。放對方一條生路，給對方一個臺階下，為對方留點面子和立足之地。這樣做並不是很難，而且如果能做到，還能給自己帶來很多好處。如果你得理不饒人，讓對方走投無路，就有可能激起對方「求生」的意志，而既然是「求生」，就有可能不擇手段，不顧後果，這將對你自己造成傷害。放他一條生路，他便不會對你造成傷害。即使在別人理虧時，你在理已明瞭的情況下，放他一條生路，他也會心存感激，就算不如此，也不太可能與你為敵。這是人的本性。況且，這個世界本來就很小，變化卻很大，若哪一天兩人再度狹路相逢，屆時若他勢強而你勢弱，你想他會怎麼對待你呢？得理饒人，也是為自己留條後路。

要做到忍讓，就必須具有豁達的胸懷，在為人處世、待人接物時，不能對他人要求過於苛刻。應學會寬容、諒解別人的缺點和過失。要做到這一點，就要有氣量，不能心胸狹窄，而應寬宏大度。特別是在小事上，如果寬大為懷，盡量表現得「糊塗」一些，便容易使人感到你通達世事人情。

一位住在山中茅屋修行的禪師，有一天趁夜色到林中散步，在皎潔的月光下，他突然開悟了。他走回住處，眼見到自己的茅屋遭小偷光顧，找不到任何財物的小偷要離開的時候在門口遇見了禪師。原來，禪師怕驚動小偷，一直站在門口等待，他知道小偷一定找不到任何值錢的東西，早就把自己的外衣脫掉拿在手上。

小偷遇見禪師，正感到驚愕的時候，禪師說：「你走老遠的山路來探

望我，總不能讓你空手而回呀！夜涼了，你帶著這件衣服走吧！」說著，就把衣服披在小偷身上，小偷不知所措，低著頭溜走了。禪師看著小偷的背影穿過明亮的月光，消失在山林之中，不禁感慨地說：「可憐的人呀！但願我能送一輪明月給他。」禪師目送小偷走了以後，回到茅屋赤身打坐，他看著窗外的明月，進入空境。

第二天，他在陽光溫暖的輕撫下，從極深的禪室裡睜開眼睛，看到他披在小偷身上的外衣被整齊地疊好，放在門口。禪師非常高興，喃喃地說：「我終於送了他一輪明月！」

這就是人心受到感召的力量和改變。也許有人認為克制忍讓是卑怯懦弱的表現，其實，這正是把問題看反了。古人說得好：「猝然臨之而不驚，無故加之而不怒。」這才是真正的英雄。只有頭腦簡單的無能之輩，才會為芝麻綠豆大的小事各不相讓，爭得面紅耳赤。而能放手時則放手，得饒人處且饒人才正是心胸豁達、雍容雅量的成功者所應具備的高貴個性。

第 16 堂課
成功 —— 隨時校正自己前進的方向

‖ 奔向目標時，不要三心二意 ‖

清朝有個秀才為自己的表兄寫過這樣一篇墓誌銘：

吾表兄，年四十餘。始從文，連考三年而不中。遂習武，練武場上發一矢，中鼓吏，逐之出。改學醫，自撰一良方，服之，卒。

翻譯成白話文就是說：我的表哥，活了四十多歲。一開始是從文的，連續考了三年都不中。於是就改行習武，考試那天在練武場上射了一箭，射中了敲鼓的人，被趕了出來。表哥又改行學醫，還未學成，自己寫了一個藥方子，吃過以後，死了。

常言道「人挪活，樹挪死」，我們並不推崇墨守成規的人生，但是像上述故事中的老兄那樣，即使他沒有「吃錯藥」，他又能做成什麼事呢？所謂「無雄心者常立志」，很多人之所以無法在某一領域取得成就，就是因為他們靜不下心、耐不住寂寞，經常改變自己的志向，到頭來一事無成。

有些人的失敗源於內心的軟弱，有些人的失敗則源於內心的貪婪。很多人都感慨「機會難得啊！」其實當今社會，機會並不是什麼稀有資源。對很多人來說，機會其實很多，只是機會一多，人們要麼無從選擇，要麼是這個也想做，那個也想做，一輩子都在追尋，一輩子都在選擇，總是覺得已經到手的不是最好的，結果到最後往往連最不好的也掌握不住。機會，對於一個所有機會都想抓住的人來說，反而是一種禍害。

一個人不僅要有目標，還要專注於自己的目標。因為人的精力有限，試圖魚與熊掌兼得，到最後往往是魚與熊掌皆不可得。所以每個人不僅知道應該做什麼，也必須明白不應該做什麼。

葉冠鵬是個有理想、有抱負的年輕人。大學畢業以後，他先後在大城市尋找自己的創業途徑。然而，十年時光一晃而過，除了幾次失敗的經歷

外，他一文不名，找不到一點值得稱道的東西。

十年來，他先後當過大企業的職員、當過記者、當過銷售員、開過小超市、經營過出版公司，甚至還做過傳銷。但他總是不停跳槽轉行，許多原本很有希望的事業都在他手裡一一斷送。

三年前，葉冠鵬看準了一塊「好地點」，開了一家小超市。按他的觀察，此處人潮絡繹不絕，每天的銷售量肯定少不了，好好做幾年必定財源滾滾。但事情並非他想像的那樣，由於超市規模不大，又沒有什麼名氣，人們一時之間並不買帳。因此他每天的營業額少得可憐，除去成本後，他一個月的收入還不如一個普通的上班族。很快，他便開始後悔自己盲目地選擇了經營超市，為了尋求賺大錢的機會，他很快便以低價將超市賣給了朋友。

不久，一位從事出版業的朋友告訴他圖書市場非常熱門，一本暢銷書動輒幾十萬、上百萬的銷量，書商們都是成百萬成百萬的賺！葉冠鵬想「我可是中文系畢業的才子啊！文筆和眼光絕對不比別人差，為什麼不做這一行呢？也許還能名利雙收！」於是，他又投入出版業，開了一家小型文化公司。誰知他剛進入，出版業就迎來了前所未有的寒冬。苦心經營半年後，他的出版夢再次草草收場。而此時，他轉讓出去的超市卻開始逐漸興隆，每天的營業額都超出原先的 10 倍！看到這些，葉冠鵬只能得再一次感嘆自己時運不濟……

很多人都犯過類似的錯誤 —— 這山看著那山高，到了那山沒柴燒，致富美夢打水漂。其實，三百六十行，行行出狀元，任何行業只要堅持並努力都能夠成就一番事業。李白一生只寫詩，徐霞客一生只行路，比爾蓋茲只做軟體，但他們的成就有目共睹，無可質疑。只不過進入任何一個行業都有適應期，任何成功都需要一個過程。一個人真正遇上「此路不通」的情況並不多見，「愛拚才會贏」，遠離誘惑，修練恆心，這樣我們前進

的步伐才能更堅定，才能避免遍地開花無處結果的悲哀。

由此不難看出，人生必須要有堅定的目標，然後鍥而不捨地堅持下去，成功才會有希望。對目標不可三心二意，誰遊戲人生，人生就將會遊戲誰，到時候只會落得個「老大徒傷悲」的結局。

鎖定目標就是朝著你確定的目標前進。這個目標是比較固定的，而且還是一個較高層次的。但鎖定目標，並不是說你一生就只能有這一個目標，如果你今後感覺這個目標不適合你，或你有更高層次的目標，也是可以更改的。

人生中一件很重要的事就是學會制訂目標，如果經過實踐檢驗這個目標是對的，就要鎖定，並為之全力以赴；如果經檢驗目標是錯的、是不合時宜的，就要勇於更改，只有這樣，你才會成為一個真正出色的人。

┃沒有目標，哪來的勁頭┃

成功是每個人夢寐以求的事，很多人為了實現此目標費盡了心機，但就像所有的事物都有其內在的規律一樣，追求成功也要講究一定方法的。在開始邁向成功之前，應先問你自己一個問題，你的目標是什麼？

成功是個老生常談的話題。孔子說，吾十五有志於學，就是有了人生目標。人生的意義就在於有目標。所謂目標，就是要達到的一種狀態或者想擁有的東西，同時要制訂相對的計畫並付諸行動。沒有計畫和行動的目標是空想。小時候，老師經常會以「我的理想」為題目讓我們展望未來，當科學家、作家、畫家、醫生等，這個理想就是人生的目標。但當我們成年後，目標並沒有實現。可見兒時的目標是模糊的，沒有計畫也不具操作性，當然無法實現。

　　設定明確的目標，是所有成就的出發點，大部分人失敗的原因，就在於他們從來都沒有設定明確的目標，並且也從來沒有踏出他們的第一步。

　　當你關心那些已經獲得成功的人物時，你會發現，他們都是各有一套明確的目標，都已訂出達到目標的計畫，並且花費最大的心思和付出最大的努力來實現他們的目標。安德魯‧卡內基（Andrew Carnegie）原本是一家鋼鐵廠的工人，憑藉著製造銷售比其他同行更高品質的鋼鐵為目標，成為當時美國最富有的人之一。此後，他在全美國小城鎮中捐蓋圖書館。他對明確目標已不僅僅停留在願望上，而是形成了一股強烈的欲望，意志願望和強烈欲望之間的差異是極為重要的，我們每個人都希望得到更好的東西 —— 如金錢、名譽、尊重。但是大多數的人都僅把這些希望當作一種願望而已，如果你知道你希望得到的是什麼，如果你高度執著於自己的目標，而且能以不斷的努力和穩健來支持這份執著的話，那你就已經是在發展你的明確目標。

　　美國西點軍校的教材裡有這樣一個故事：

　　一支遠征軍正在穿過一片白茫茫的雪地，突然，一個士兵痛苦地摀住雙眼：「上帝啊！我什麼也看不見了！」沒過多久，幾乎所有的士兵都罹患了這種怪病。這件事在軍事界掀起了軒然大波，直到後來才真相大白 —— 原來致使那麼多軍人失明的罪魁禍首居然是他們的眼睛，是他們的眼睛不知疲倦地搜索世界，從一個落點到另一個落點。如果連續搜索世界而找不到任何一個落點，眼睛就會因過度緊張而導致失明。在一片白茫茫的雪地中，士兵找不到一個確定的目標，而導致眼睛失明。人生也是這樣，目標太多等於沒有目標，沒有目標，人生也就一片黑暗。

　　確立目標的目的在於能夠實現目標。所以目標要明確具體，要有時間限定，因為時間因素對後面的小目標以及行動有重大影響。人生目標有大

有小，大到十年以後能成為科學家，億萬富翁；小到買一輛漂亮的汽車和出國旅遊等等。大目標需要長期規劃，逐步分解，成為每年、每月和每天的小目標，如果每天都有一個小目標，每天的行動就不會成為無用功了。而當你每天完成了自己設定的小目標後，你會有一種成就感，同時你又向大目標靠攏了一步。以出國旅遊為例，你準備何時去，是明年還是後年去；怎麼去，坐火車還是搭飛機；要參觀哪些景點，吃住怎麼安排，總費用預計是多少，總之將目標進行量化。如果是明年去，那麼從現在開始每個月要存多少錢。每個月的小目標有了，再制定好每月的收支計畫，然後每天就按照計畫去執行。只要每天都處於受控狀態，每月的計畫就可以完成，每月計畫實現了，明年去國外旅遊的目標就不會落空。這裡最關鍵的環節是每天的執行，要不折不扣地完成，克服壞習慣，如惰性、散漫、自我放縱等。

人生目標的實質就是個人「願景」，思想有多遠，我們就能走多遠。當英國作家蕭伯納（George Bernard Shaw）還是一個小小的政府職員的時候，每天規定自己寫一篇短文，多年的堅持最終成就了他的事業。清代名臣曾國藩說：「第一要有志，第二要有恆，有志則斷不甘為下流，有恆則斷無不成之事。」可見有志就能樹立遠大目標，有恆就能制定計畫，堅持不懈地行動，今天的目標必將變成明天的現實。

‖ 為自己設立一個高目標 ‖

有明確目標的人生活更有熱情，行動起來更有力量，成功的希望也更大。鼠目寸光是不行的，不能看見樹葉就忽略了整片森林。辛勤的工作和一顆善良的心，尚不足以使一個人獲得成功，因為，如果一個人並未在他心中

確定他所希望的明確目標，那麼，他又怎能知道他已經獲得了成功呢？

在一個人選好一項明確目標之前，他會把他的精力和思想浪費在很多項目上，這不但使他無法獲得任何能力，反而會使他變得優柔寡斷。當他把所有能力組合起來，向著生命中的一項明確目標前進時，那麼他就充分利用了合作或凝聚的方法，從而產生巨大的力量。

正如空氣對於生命一樣，目標對於成大事者也有絕對的必要。如果沒有空氣，沒有人能夠生存；如果沒有目標，沒有人能夠成功。

有一位年輕的員警，在一次追捕行動中被歹徒用衝鋒槍射中左眼和右腿膝蓋。三個月後，當他從醫院裡出來時，完全變了個樣，一個曾經高大魁梧、雙目炯炯有神的英俊年輕人現已成了一個又跛又一隻眼瞎的殘疾人，儘管國家和組織授予了他許多勳章和錦旗。有家電臺記者曾問他：「您以後將如何面對遭受到的厄運呢？」

他說：「我只知道歹徒現在還沒有被逮捕，我要親手抓住他！」他那隻完好的眼睛裡透射出一種令人戰慄的憤怒之光。

後來，他不顧任何人的勸阻，參與了逮捕那個歹徒的行動。他幾乎跑遍了整個國家，甚至有一次為了一個微不足道的線索獨自一人乘飛機去了韓國。

七年後，那個歹徒終於在某個小國被逮捕了。當然，他發揮了非常關鍵的作用。在慶功會上，他再次成了英雄，許多媒體稱讚他是最堅強、最勇敢的人。

然而，不久後他卻在臥室裡割脈自殺了。在他的遺書中，人們讀到了他自殺的原因：「這些年來，讓我活下去的信念就是抓住凶手……現在，傷害我的凶手被判刑了，我的仇恨被化解了，生存的信念也隨之消失了。面對自己的傷殘，我從來沒有這樣絕望過……」

　　失去一隻眼睛，或者一條健全的腿，並不要緊，但是，如果你失去了生存的目標，就失去了一切。許多人之所以活得那麼精神，就在於他們有個值得活下去的目標，當目標實現後卻沒有後續的目標，這會使人覺得內心十分空虛，人生也變得沒有意義。

　　一位美國的心理學家發現，療養院裡有一種非常有趣的現象，每當節日或一些特殊的日子，像結婚紀念日、生日等來臨的時候，死亡率會戲劇性地降低。他們中有許多人為自己立下一個目標：要再多過一個耶誕節、一個紀念日、一個國慶日等。等這些日子一過，心中的目標、願望已經實現，繼續活下去的意志就變得微弱，死亡率便立刻升高。

　　生命是可貴的，並且只有在它還有一些有價值的事情要做、要實現時，才能得以延續下去。事實上，每個人都知道在生活中樹立目標的重要性，然而，或是受別人影響，或是出於對生活的漠然 —— 街上的大多數人都在跟著茫然而無目的的人流，緩緩走過人生。

　　我們每個人都渴望知道我們為什麼來到這個世界，生活的目的是什麼。每個人在社會生活中都要根據自己的實際情況尋找自己生存的目標，因為我們不可能一生下來就有明確的目標，而是在自己的實際生活變化過程中逐漸發現，逐步明確，最後堅定下來的。所以，一個人生存的第一個任務就是為自己尋找生存目標。

　　請設想從現在開始，再過幾年，你要成為你正為之工作的公司的總裁，並且，你願意為達到這一目標去做一切必要的努力。於是，你的目標便從現在開始與你「談話」，它會激發你，使你變得更機警。你會突然發現眼前有許多使你能夠做出貢獻、展示你才華的新的機會。你用更新的能力和更開闊的眼界去處理每一件事，雖然它們看上去很一般。當你做出重要決定時，你會更多地考慮它對整個公司的影響，而不是像以前一樣僅僅

考慮你所在的部門。實際上你已經開始把自己看作是總裁了，你開始像總裁那樣思考。

當你每天早晨起來照鏡子的時候，你會看到一位總裁；當你添置新衣服的時候，你會去買適合總裁穿的衣服；當你處理與同事們的關係時，你會像總裁一樣對待他們。如果你在這條道路上稍有偏離，你的「自動制導系統」就會做出必要的修正，使你返回正確的軌道。這說明，你的目標已經一步步控制了你自己，成為你意識中一個不可分割的組成部分。從此，你做的每件事、說的每句話都與你的主要目標發生連繫，都要有利於達到你的主要目標。這就吸引了你的全部注意力，而使你不可能再去成為別的什麼人。

也許你願意做一個學者，這個目標就會引導你去讀大學、讀碩士、讀博士。最後，你可以在某個大學做學問或在某個研究所做研究。現在社會發展變化，需要學者，需要有知識、有才能的人。而且，你喜歡自己實驗研究，你願意為此目標生存。那麼，你就自然選擇放棄其他社會生活內容，與書本、資料為伍，把生命放置在實驗室裡。如果有一天社會發生變化，比如說，發生了戰爭，你就不會再安心待在實驗室裡，你就會為自己樹立一個新的目標，那就是保衛自己的家園。為了這個目標，你就會去學習作戰，學習射擊與搏鬥……

總之，人生的目標是在社會生活發展變化中產生的，人也是在這種發展變化中尋找到自己的目標，並且使自己的生存變得有價值、有意義。

第 17 堂課
自由 —— 不被淹沒的力量

| 走自己的路 |

「走自己的路，讓別人去說吧！」是但丁（Dante Alighieri）的名言。然而在現實生活中，要這樣做是需要很大的勇氣的，有時還要付出代價。

美國職業足球教練文斯·倫巴迪（Vince Lombardi）當年曾被批評「對足球只懂皮毛，缺乏鬥志」。

貝多芬學拉小提琴時，技術並不高明，他寧可拉他自己作的曲子，也不肯做技巧上的改善，他的老師說他絕不是個當作曲家的料。

達爾文當年決定放棄行醫時，遭到父親的斥責：「你放著正經事不做，整天只管打獵、捉狗捉老鼠的事。」另外，達爾文在自傳上透露：「小時候，所有的老師和長輩都認為我資質平庸，我與聰明是沾不上邊的。」

愛因斯坦 4 歲才會說話，7 歲才會認字。老師給他的評語是：「反應遲鈍，不合群，滿腦袋不切實際的幻想。」他曾遭到退學的命運。

羅丹的父親曾怨嘆自己有個白痴兒子，在眾人眼中，他曾是個前途無「亮」的學生，藝術學院考了三次還考不進去。他的叔叔曾絕望地說：孺子不可教也。

列夫·托爾斯泰（Leo Tolstoy）讀大學時因成績太差而被勸退學。老師認為他：「既沒讀書的頭腦，又缺乏學習的興趣。」

如果這些人不是「走自己的路」，而是被別人的評論所左右，怎麼能取得舉世矚目的成績？

成功包含有功成名就的意思，但是，這並不意味著你只有做出了舉世無雙的事業，才算得上成功。世界上永遠沒有絕對的第一。看過迪亞哥·馬拉度納（Diego Maradona）踢球的人，還想一身臭汗的在足球隊裡混

嗎？聽過帕華洛帝（Luciano Pavarotti）歌聲的人，還想練高音唱法嗎？其實，如果總是擔心自己比不上別人，只想功成名就，那麼世界上也就沒有帕華洛帝、馬拉度納這類人了。

俄國作家安東・帕夫洛維奇・契訶夫（Anton Chekhov）說得好：「有大狗，也有小狗。小狗不該因為大狗的存在而心慌意亂。所有的狗都應該叫，就讓牠們各自用自己的聲音叫好了。」

小狗也要大聲叫！實際上，追求一種充實有益的生活，其本質並不是競爭性的，並不是把奪取第一看得高於一切，它只是個人對自我發展、自我完善和美好幸福生活的追求。那些每天一早來到公園練武打拳、練健身操的人，那些只要有空就練習書法繪畫、設計剪裁服裝和唱戲奏樂的人，根本不在意別人對他們的姿態和成果品頭論足，也不會因沒人叫好或有人挑剔就停止練習、情緒消沉。他們的主要目的不在於當眾展示、參賽獲獎，而是自得其樂、自有收益，滿足自己對生活美和藝術美的渴求。

所以說，真正成功的人生，不在於成就的大小，而在於你是否努力地去實現自我，喊出屬於自己的聲音，走出屬於自己的道路。

當你感到在心理上受人左右時，告訴那人你的感覺，然後爭取根據自己的意願去行事。

請記住：你的父母、伴侶、朋友、上級、孩子或其他人常常會不贊同你的某些行為，但這絲毫不影響你的價值。不論在何種情況下，你總會引起某些人的不滿，這是生活的現實，你如果有心理準備，便不會因此而憂慮不安或不知所措，便可以掙脫在情感上束縛你的那些依賴枷鎖。

如果你為支配者（父母、愛人、上級或孩子）陷入惰性，那麼即便有意迴避他們，也還會在無形中受人支配。

如果你覺得出於義務而不得不去看望某個人，問問你自己：自己若處

於某種心理狀態，你是否願意讓別人來看望你。如果你不願意，那就應該「己所不欲，勿施於人」。找這些人去談談，讓他們意識到僅僅出於義務的交往是有損於人的尊嚴的。

堅持不帶任何條件的經濟獨立，不向任何人報帳。你如果得向別人要錢花，便會成為他的奴隸。

不要繼續發號施令，控制別人；不要繼續受制於人，唯命是從。

承認自己有保持私密的願望，不必把自己的所有想法和經歷都告訴某人。你是獨特而與眾不同的，應該有自己的祕密，如果事事都要告訴別人，那你便沒有選擇可言，當然也就成不了獨立的人。

在晚會上，不要老是陪伴著你的夥伴，不要出於義務而一直陪著他。兩個人分開去找別人講講話，晚會結束之後再聚到一起。這樣，你們會成倍地擴大自己的知識和見聞。

記住：你沒有為別人高興的義務，別人自會尋求解脫和愉快。你可以在與別人的相處中得到真正的樂趣，但如果感到有義務讓別人高興，那你就失去了獨立性，就會因別人不高興而愁眉苦臉；更糟糕的是，你會以為是你使他不高興的。你對自己的情感負責，在這一點上人人如此，毫無例外。除了你自己以外，誰也不能控制你的情感。

不要忘記：習慣並不是做任何事情的理由。不錯，你以前一直服從別人，但不能因此再繼續受人支配。

真正生活的實質在於獨立和自由。因此，幸福的婚姻關係是最低程度的融合加上最高程度的自治與獨立。或許你非常害怕衝出依賴關係，但如果問問你在精神上依賴的那些人，就會驚奇地發現，他們最欽佩的，正是那些勇於獨立思考、獨立行事的人。真有意思。你要是獨立了，別人就會尊重你，特別是那些拚命要支配你的人會更敬佩你。

‖沒有自由，造一種出來‖

我們生活在一個一切（甚至生命）都可以被複製的年代，沒有真正的生活，我們被單調的相似所包圍，所有的生命和生命力都流失在我們的經歷中。自從我們被乏味的標準包圍以來，我們還害怕真實嗎？如果我們被人為的一切所包圍，我們又怎樣做自己愛做的事？

做真實的自己本來應該是一件非常簡單、理所當然的事，卻被我們搞得如此複雜。為什麼真實這麼難？為什麼我們總是企圖把自己變成不是自己的模樣？這不僅是因為我們成功的文化排斥真實 —— 而且還有更多的東西。我們被人為的、虛擬的環境所包圍著，喪失了真實的世界。

「整體說來，郊區工業化的整體力量給我們的味覺帶來的衝擊是讓我們確信，人為製造不但是不可避免的，而且是較好的 —— 也許最後把真正的和原始的完全從人們的意識中趕走。」伏爾泰（Voltaire）說：「沒有上帝，造一個出來。」

按照自己的願望生活，需要有一定的勇氣，不怕世俗的觀念嘲笑，不怕社會生活對你的打擊，只要你堅持，就會得到最後的成功。

在美國歷屆總統之中，亞伯拉罕·林肯（Abraham Lincoln）是出身比較卑微的一位。他出生於一個鞋匠家庭，經過一番奮鬥，終於有了競選總統的資格和能力。

但是，眾所周知，19 世紀的美國社會非常看重門第。可以想像，在骨子裡貧富觀念很濃的美國人是不希望窮人的兒子做他們的總統的。林肯競選總統前夕，在參議院演說時，一個參議員就曾經差辱了他，那位參議員說：「林肯先生，在你的演講開始之前，我希望你不要忘記你是一個鞋匠的兒子。」

「我非常感謝你使我想起我的父親，他已經過世了，我一定會永遠記住你的忠告，我知道我做總統無法像我父親做鞋匠那麼好。」

林肯不卑不亢地說道。這時候，參議院變得格外安靜，林肯轉頭對那個傲慢的參議員說：「就我所知，我的父親以前也為你的家人做過鞋子，如果你的鞋子不合腳，我可以幫你修理它。雖然我不是偉大的鞋匠，但我從小就跟隨父親學到了做鞋子的技術。」接著，他面向所有的參議員，大聲說：「如果你們穿的那雙鞋是我父親做的，而它們需要修理或改善，我一定幫忙。但是有一件事我可以保證，我無法像我父親那麼偉大，他是最優秀的。」林肯動了感情，流下了熱淚。說到這裡，參議院爆發出真誠的掌聲。

大家都被林肯的精神所打動。後來，林肯如願當上了美國總統，成為美國歷史上最偉大的人之一。

儘管林肯自己出身很低微，但是，林肯沒有掩飾自己的出身，而是真誠地為自己的出身感到自豪，他不願意向任何人屈服，他懂得只有捍衛自己的尊嚴，才不至於迷失自己，才能保持自己的本性，才能按照自己的願望生活。這就是一個人，一個成功的人，一個受人尊敬的人應該具有的品格。

何為自尊？自尊就是自己相信自己，自己敬愛自己，自己珍惜自己，就是對自我存在的肯定和愛護。

自尊，是人心理成熟的一種象徵，是人發展到一定年齡階段，自我意識發展了，對自己身體、能力、表現等感到滿意的一種心態。有了自尊，就不會向他人卑躬屈膝，就會維護自身的尊嚴和自我情感體驗，就能獨立自主地待人處世。

∥尊重個性自由，樹立自我品牌∥

人性的美麗在於人的個性，在於那迷人的個性。你的個性就是你的風格。凡是高情商的人都有其突出的個人魅力，這種魅力即來源於他的個性，而他的個性又表現在他做人的方式、做事的風格上。他的一舉一動、一言一行，無不展現著他的個人魅力，表現著他個人的風格。

我們知道，世界上的所有生物都有其自身的特點，正是依靠著這些特點，他們才得以在這個星球上生存。在現代社會，知名的商品都講究「品牌策略」，有了品牌，這種商品才可以走得更遠。我們人自然也不例外。我們要在社會中生存、立足，要與別人相處、共事，我們要發展自己，使自己也踏上成功之路，我們也要靠我們的特點、個性、風格和「品牌」。

你的個性是你的特點與你的外表的總和，這些也就是你所以為你區別於他人的地方。你所穿的衣服，你臉上經常的表情，你臉上的線條，你的聲調、語氣乃至於你的思想，以及你由這些思想所發展出來的品德，所有的這一切就構成了你的個性，而你的個性在生活中較穩定地表現出你自己的風格。

顯然，你個性中的絕大部分，同時也是你個性中最重要的部分，你的風格所代表的那一部分，從外表上是無法看出的。我們平時說某個人的個性如何如何，其實更多的來自於他的外表，來自於他性格在的東西。

所以，你的風格或者個性，即使是你自己也很難用語言來概括。你的風格展現於你生命的整體，從你做人、做事、行為舉止等各個部分都能展現出來，但又不是特指某個部分。

在生活當中，一些人被人拒絕之後，就會變得垂頭喪氣，以為自己被整個世界拒絕。但是，高情商的人，就會在被拒絕中繼續尋找機會，表現

　　自己獨具特色的風格。其實，我們只要想一下，即使是最差勁的人也會有一兩個值得別人讚美的優點，所以，我們就應該在適當的時候展示自己的魅力和長處。

　　「良言一句三冬暖」，世界上沒有哪一個人不喜歡別人由衷地讚美。如果你能夠把最真誠的讚美送給別人，別人自然也會回贈你許多成功的機會。人，作為一個社會動物，對於人情世故是很講究的，人們之所以喜歡找朋友聊天，是因為在這裡能夠得到一種被尊重、不被欺騙的感覺。

　　每一個人都是一個世界，都有自己獨特的個性和風格，但是，人類靈魂深處卻有著一根共同的弦，那就是人類的情感。對於高情商的人來說，我們需要做的，就是找到這一根弦，並將它輕輕撥響。

　　有一句古話：「宰相肚子能撐船。」說的是領導者的胸懷之大。一個高情商的人的胸懷與人格決定了它能夠承擔或包容的程度，正如佛語所說的：「海納百川，有容則大」。

　　一個人要想擁有迷人的魅力，語言才能是一個硬體，能說會道也是一個高情商者所應該具備的能力。因為語言表達能力是構成個人魅力的重要組成部分。如果我們想在緊張激烈的人生競技場上做一個常勝將軍，必須培養自己機智、良好的語言表達能力。

　　學會傾聽也是一種風度，一種魅力。就人性而言，每一個人最為關心的無疑是自己。每一個人都喜歡講述自己的故事，希望找一個忠實的聽眾。如果你是一個高情商的人，如果你是一個優秀的對話者，那麼，首先學會傾聽吧！千萬不要忘了，靜靜地傾聽別人講話，也可以展現你無窮的魅力。

　　打動人心的最理想方式，莫過於在了解對方的興趣時，盡量滿足他的欲望。如果你是一個高情商的人，如果你能堅持這麼做的話，你就是一個受歡迎的人，就是一個有魅力的人，就是一個會取得人生成功的人。

　　一個人最為重要的素養是誠信，被別人信任的第一要素是誠實。誠實是樹木之根，沒有根，樹木也就沒有了生命。每一個高情商的人都要樹立起誠信的優良素養。

　　還有，你的衣著式樣，以及它們對你來說是否得體，構成了你風格中的一個重要組成部分，因為別人大多都是從你的外表獲得對你的第一印象。

　　再者，你與別人握手的態度，也密切關係到你是否排斥或吸引跟你握手的人，它也表現著你的個性，展現著你的風格。

　　你眼中的神情也是你個性中的一個重要組成部分，眼睛是心靈的窗戶，有些人就能透過這扇窗戶看穿你的內心世界，看出你內心深處的思想，看出你最隱祕的思想。

　　你的身體洋溢著的活力，或者說透過你的言談舉止所展現出的個人魅力，也是你個性的一個組成部分。

　　當然，最重要的是，你可以透過某種方式將你的個性或者個人風格盡情地表現出來，而且，能夠使你的個性永遠受人歡迎。這種方式就是對其他人的生活、工作表示深切的關心與興趣。你需要做一個無私、大度、熱忱、寬容的人。

　　我們很難想像一個極端自私自利、狹隘、冷酷無情的人能討人喜歡。這樣的人，即使他衣冠楚楚、長相英俊，也難言有什麼個人魅力。

　　你的內心世界決定了你的個性，你的思想品德高尚與否決定了你的風格。

　　要活出自己的風格，表現出你受人歡迎的個性，還得從加強你的學識修養、豐富你的精神世界做起。

　　要活出自己的風格，而且使別人也能接受、欣賞你的風格，首先要求你的風格令人喜愛。如果你自己的「風格」十惡不赦、人見人厭，那不要

這種「風格」恐怕還會好一些。再就是你要強化自己的風格，一旦發現你的某種行為深受眾人喜愛，你不妨將其加強突出。這樣，你的風格就會越來越突出。

有了自己的風格，還要找機會展示自己的風格，展示自己獨特的人格魅力和個性魅力。對於現代人來說，展示自己風格和魅力的地方很多，比如：大學生畢業求職的時候、演說的時候、述職的時候，甚至在我們做一些日常工作以及生活當中，都有無數個展現我們個性魅力的機會。生活已經告訴我們，如果你擁有一種令人傾倒的人格魅力，那麼，你在人生的旅途中就會遊刃有餘，這也同時意味著你擁有了一筆巨大的財富，它會使你享受人生的快樂和喜悅，它也使你贏得身邊人的喜愛和信任。

第 18 堂課
修養 —— 做一個有靈魂的人

‖謙虛做人，謹慎做事‖

《周易‧謙卦》中說：「謙謙君子，卑以自牧。」這句話的意思就是，有道德的人，總是以謙恭的態度，自守德，修養其身。這是崇尚務實的老祖宗留給我們的遺訓。謙虛是一種美德，它可以使一個人具有特殊的魅力修養。

畢竟，一時的成績不代表永久，也不代表你就比別人高一籌。成績是自己的，如果一味張揚、炫耀只會帶來負面效應。

儒家傳統文化影響深厚，「知之為知之，不知為不知，是知也。」「謙虛使人進步，驕傲使人落後」……這樣的格言、警句多如牛毛。它們說的都是對待榮譽的看法，在榮譽面前保持平和，才會有更大的進步，也不會影響到別人，特別是沒有成就的人的感情。

美國科學家班傑明‧富蘭克林（Benjamin Franklin）說過：「缺少謙虛就是缺少見識。」英國哲學家史賓賽（Herbert Spencer）認為：「成功的第一個條件是真正的虛心，對自己的一切敝帚自珍的成見，只要看出與真理衝突，都願意放棄。」法國思想家孟德斯鳩（Montesquieu）說：「我從不歌頌自己，我有財產、有家世，我花錢慷慨，朋友們說我風趣，可是我絕口不提這些。固然我有某些優點，而我自己最重視的優點，即是我謙虛……」可見，謙虛是我們人類共同珍視的美德。

愛因斯坦由於創立了「相對論」而聲名大震。據說，有一次，他 9 歲的小兒子問他：「爸爸，你怎麼變得那麼出名？你到底做了什麼呀！」愛因斯坦說：「當一隻瞎眼甲蟲在一根彎曲的樹枝上爬行的時候，牠看不見樹枝是彎的。我碰巧看出了那甲蟲所沒有看出的事情。」

謙虛是成功的要素，謙遜與內心的平靜是緊密相連的。內心的平靜是

做人的一種高度的智慧。我們越不在眾人面前顯示自己，就越容易獲得內心的寧靜，這樣，就容易引起別人的認同，得到別人的支持。

反之，顯示自己是一個危險的、十分可怕的陷阱，而且，這個陷阱是我們自己親手挖掘的。它會使你把大量的精力放在顯示成果、自吹自擂或試圖讓他人信服你的個人價值方面。而誇誇其談、自吹自擂通常會使你驕傲自滿，把榮譽當做自我欣賞的裝飾品，沖淡你的成就或在你引以為豪的東西上的肯定錯誤的感覺。

其實，自高自大、自傲也是缺乏智慧的一種表現。一個人如果稍稍有一點可憐的成就，耳朵就不靈光了，眼睛也花了，路也不會走了，因為他開始自我膨脹、發燒了；自以為寫了兩篇文章就成了作家，演了兩部電影就成了電影明星，唱了兩首歌就成了歌星……

一個人的成就再偉大，也只是相對於個人而言；在我們所生存的這個宇宙之中，沒有什麼不是渺小的。如果你在某一方面取得了一定的成績，你不應該過於看重它，因為它已成為你的歷史。不要留戀你的影子——哪怕它很輝煌，它畢竟只是虛無縹緲的影子而已。要知道，當你望著你的影子依依不捨的時候，你正好背離著照亮你的太陽。

天地之間，萬物共存，任何事情都是相對的。就好比，妲己美，卻狠毒；褒姒美，卻憂鬱；飛燕美，卻瘦弱；玉環美，卻肥胖。再美的人從某個角度說都有她的醜，甚至有時美之所在也就是醜之所在。因為美本來就是相對的，它和醜共存於統一體。自我感覺美好的東西或許在別人眼裡醜陋不堪，此時非常美好的東西彼時亦會一錢不值。

更進一步來說，就是「我不誇妍，誰能醜我」，「我不好潔，誰能汙我」。美與醜、潔與汙、善與惡、邪與正、陰與陽、長與短等都是相互轉化並相互制約的，有美就有醜，有潔必有汙。因為假如沒有醜和汙就沒有

美與潔，美醜潔汙是比較襯托才看出來的。這樣的依託轉化，那麼對一些事物的看法就可以超脫自然一些。

或許，你所自鳴得意的事，正好是受人奚落的短處，就好像口袋裡裝著一瓶麝香的人，不會到十字街頭去叫嚷讓所有的人就知道自己口袋裡的東西，因為他身後飄出的香味已說明了一切。

有一位朋友對謙遜曾經有過深刻的感受。在被升遷後的幾天裡，他與朋友聚了一次。朋友們都不知他升遷的消息，他很想把這個好消息告訴大家。而且，他與另一個朋友都這次升遷的候選人。同為候選人，他和這個朋友之間當然有些競爭，現在的結果是他得到了升遷，所以他極想向大家宣稱自己被升遷而那位朋友沒有。可話到嘴邊，他隱隱覺得有個聲音在說：「不，千萬別說！」於是他只淡淡地笑了一下，只告訴大家自己被提職，沒有提及另一個朋友未被提升之事。因為他明白，這事不用說大家也知道，說出來反而影響自己的形象，傷害朋友的感情，自己在心裡慶祝一下又何妨呢？

真正有雄心壯志的人是絕不會濫用優點和榮譽的，他不會等待著去享受榮譽，而是繼續努力去做那些需要做的事。正如俄國科學家巴夫洛夫（Ivan Pavlov）所諄諄告誡的：「絕不要陷於驕傲。因為一驕傲，你就會在應該同意的場合固執起來；因為一驕傲，你就會拒絕別人的忠告和友誼的幫助；因為一驕傲，你就會喪失客觀方面的準繩。」

況且，讓事情更糟的是，你在得意時越誇耀自己，別人越迴避你，越在背後談論你的自誇，甚至可能因此而怨恨你。同時，驕傲的人必然嫉妒，他喜歡見那些依附他的人或諂媚他的人，他對於那以德性受人稱讚的人會心懷嫉恨。結果，他就會失去內心的寧靜，以至於由一個愚人變成一個狂人。

　　謙虛做人，還必須凡事都做到心中有數，自己有本事要在最恰當的時候拿出來，即使成功也不驕傲。因為你不被重視，你不露痕跡，那麼你做什麼事情都會很順利，經過一段時期的累積，獨立、坦然、自律，也就很容易走向成功之路。而成功後更要保持謙虛，只有這樣你才能有更大的成功。

　　從做事的角度來看，一個人只有具備謙虛的心態，才能謹慎處理各種問題，這樣就能避免因為疏忽大意產生嚴重的後果。

　　正所謂「自謙則人越服，自誇則人必疑。」現代社會裡，人們有了更多實現自我價值的通道，也取得了許多傲人的業績，然而維持謙虛的姿態不僅沒有過時，反而顯得更有必要。

　　為此，我們需要注意如下兩點：

・ **學會尊重別人**：韓愈說過：「是故聖人一視而仁，篤近而舉近。」在這個世界上，每個人都有獨立的人格、不分貴賤長幼，所以我們要注意維護他人的尊嚴，更不能歧視和侮辱對方。

・ **客觀認識和評價自己**：一方面我們要正確認識自己的地位和力量，不要驕傲自大；另一方面要善於把自己放到大環境中去評價，意識到個人的力量是微小的，所以要保持謙虛的心態。

　　當然，真正學會謙遜是需要實踐的。這是件很美的事，因為你在平靜輕鬆的感覺中會立即獲得內心的充實。如果你的確有機會自誇，那麼，嘗試著去盡力抑制住這一欲望吧，那將使你受益無窮。

∥ 知識比財富更有價值 ∥

眾所周知，猶太人是世界上最聰明、最富有的民族。有人甚至說，猶太人在家中打個噴嚏，全球的富翁都得感冒。那麼，猶太人憑的是什麼？

答案是重視知識。在每一個猶太家庭中，孩子剛剛懂事，母親就會拿出猶太民族的智慧聖典《塔木德》（*Talmud*），滴一滴蜂蜜在上面，讓孩子去親吻書上的蜂蜜，並告訴他：「書是甜的，你要愛書。」

猶太人認為啟蒙教育越早越好，很多猶太兒童三四歲時便開始接受各種教育，每個孩子走進教室時，都會受到大家熱烈的鼓掌歡迎，以讓他覺得學習是快樂的。待孩子再長大些，父母就會問他這樣一個問題：「假如有一天，你的房子被燒毀，你將帶著什麼東西逃跑呢？」如果孩子回答是錢或鑽石，父母就會耐心地引導孩子：「有一種沒有形狀、沒有顏色、沒有氣味的寶貝，你知道是什麼嗎？」如果孩子實在答不出來，父母就會直接告訴他：「孩子，你要帶走的不是錢，也不是鑽石，而是知識。知識是別人搶不走的，只要你還活著，知識就永遠跟隨著你，無論逃到什麼地方都不會失去它。只要有它，就有一切。」

幾乎所有的猶太人都知道這樣一則故事：

一艘輪船航行在大西洋上，船上坐著許多腰纏萬貫的富翁和一位窮困潦倒的拉比（智者）。閒來無事，人們侃侃而談，富翁們情不自禁地炫耀起自己的巨額財富，互相爭執，不可開交。最後，貧窮的拉比也加入了進來，他說：「我覺得要論財富，還是我最富有，只是現在我還無法證明這一點。」

富翁們也沒拿他當回事，心說，你一個窮鬼，吹吹牛罷了。誰知過了幾天，在一片險惡的海域，一群海盜無情地襲擊了這艘船，他們殺死了船長，然後將富翁們引以為豪的財富全部洗劫一空，所有人都變成了身無分文的窮

光蛋。海盜離去後，因船長已死，也無繼續航行的資金，這艘船隻得停在了最近一個港口。曾經的富翁和拉比依次下船，依靠自己的能力去謀生。

這位拉比因為擁有淵博的知識而被當地人所器重，做了當地人的教師，享受著豐厚的待遇和尊敬。而那些習慣了養尊處優的富翁們，卻只能做些體力活艱難度日，朝不保夕。後來，富翁們由衷地對那位拉比說：「你那天說的話真對。再多的財富，也有可能在一夜間失去，而一個有知識的人，卻會永遠富有。擁有知識，等於擁有一切。」

擁有知識，等於擁有一切──以色列的崛起也充分說明了這一點。19世紀末期，美國作家馬克·吐溫（Mark Twain）在遊歷過聖經中「流著奶和蜜」後，以無比辛酸的筆調寫道：「在所有景色淒涼的地方中，巴勒斯坦首當其衝……這是一塊沒有希望、令人沉悶的土地。」但如今，巴勒斯坦地區發生了翻天覆地的變化。土地貧瘠、資源短缺，而且敵國環伺的以色列，不僅早就成為了世界級的工業強國，人均國民生產毛額遙遙領先，而且在諸多領域擁有先進的技術和優勢，被視為整體國民發展度較高的國家。這些，都是重視知識的必然結果。

以色列人可能是世界上最嗜書如命的民族。據聯合國教科文組織公布的統計數字表明，以色列每年出版的圖書高達數千種（不包括教科書和再版書），所有14歲以上的公民，平均每月都會讀一本書。在以色列，公共圖書館和大學圖書館共有4,000多所。全國700萬居民中，辦借書證的讀者就有100多萬……

一個人要想在社會中增強自己的生存之本，就要在知識與能力上永遠富有競爭力，要在社會變革中，與時俱進，適應生存環境，取得人生成功，就要具有終身堅持學習之毅力。

∣愛心照亮別人也點亮自己∣

一位哲學家問他的學生，「人生在世最需要的是什麼？」答案有很多，有一個學生說：「一顆善良的心！」那位哲學家讚嘆地說：「你在善心兩字中，包括盡了別人所說的一切話，因為有了善心，對於自己，則能自安自足，能夠做一切與己適宜的事，對於他人，則是一個良好的伴侶，親切的家人，可愛的朋友。」那麼，善源自什麼呢？

生命有時就像一場雨，看似美麗，但更多的時候，你得忍受寒冷與悲痛。但是，人間卻充滿了溫暖與光明，它讓你心中的寒冷化為溫暖，讓悲痛化為力量，讓人間到處充滿了愛的蹤跡，讓生命中的真摯與寬容綻放光芒。

「人之初，性本善。」每個人的心都是肉長的，經不住人性的感化。在感人至深的故事面前，我們往往都是被打動，打動的正是我們那顆善良的心。正因為這顆善心的存在，人間多了關愛與幫助。在公車上，主動讓座、關愛老人、愛護小朋友，充滿了愛心與溫暖。茫茫人海中，大家都是陌生人，但由於我們的一句關愛、一句問候或一個小小的幫助，我們就變成了未來的朋友。車來車往，來去匆匆，在一個素不相識的人面前，我們同樣會伸出援助之手，獻出一顆真誠的愛心。只要別人遇到困難，處在困境中，我們絕不會袖手旁觀。因為人性本來就是一個「善」字。怎能不去幫？怎能視而不見呢？其實，有時一句小小的關懷與呵護就會感化一顆冷酷無情的心，一句小小的安慰與鼓舞，就會燃起別人對生命的希望與渴望的火焰。

一天傍晚，喬治‧戈登‧拜倫（George Gordon Byron）在單行道的鄉村公路上孤獨地駕著車回家。在美國中西部小鎮上謀生，他的生活節奏就像他開的老爺車一樣遲緩。周圍的一切都是那麼地熟悉，他可以閉著眼

睛告訴你什麼是什麼，哪裡是哪裡。他的老爺車的車燈壞了，但是他不用擔心，他能認路。天開始變黑，雪花越落越厚。他告訴自己得加快回家的腳步了。

他差一點沒有注意到那位困在路邊的老太大。外面已經很黑了，這麼偏遠的地方，老太太要求援是很難的。我來幫她吧，他一邊想著，一邊把老爺車開到老太太的賓士轎車前停了下來。儘管他朝老太大報以微笑，可是他看得出老太太非常緊張。她在想：會不會遇上強盜了？這人看上去窮困潦倒，餓狼一樣。

他能讀懂這位站在寒風中瑟瑟發抖的老太太的心思。他說：「我是來幫你的，老媽媽。你先坐到車子裡去，裡面暖和一點。別擔心，我叫拜倫。」老太太的輪胎爆了，換上備用胎就可以。但這對老太太來說，並不是件容易的事情。拜倫鑽到車底下，察看底盤哪個部位可以撐千斤頂把車頂起來，他爬進爬出的時候，不小心將自己的膝蓋擦破了。等將輪胎換好，他的衣服髒了，手也疼了。就在他將最後幾顆螺絲上好的時候，老太太將車窗搖下，開始和他講話。她告訴他，她是從大城市來的，從這裡經過，非常感謝他能停下來幫她的忙。拜倫一邊聽著，一邊將壞輪胎以及修車工具放回老太大的後車廂，然後關上，臉上掛著微笑。老太太問該付他多少錢，還說他要多少錢都不在乎。

因為她能想像得出如果拜倫沒有停下來幫她的話，在這種地方和這個時候，什麼事情都可能發生。幫這老太太忙是要向她要錢？拜倫沒有想過。他從來沒有把幫助人當作一份工作來做。別人有難應該去幫忙，過去他是這樣做的，現在他也不想改變這種做人的準則。他告訴老太太，如果她真的想報答他的話，那麼下次她看見別人需要幫助的時候就去幫助別人。他補充說：「那時候你要記得我。」

他看著她的車子走遠。他的這一天其實並不如意，但是現在他幫助了一個需要幫助的人，他一路開車回家的心情卻變得很好。

再說那老太太。她在車子開出了將近一英里的地方，看到路邊有一家小咖啡館，就停車進去了。她想，還得開一段路才能到家，不如先吃一點東西，暖暖身子。

這是一家很舊的咖啡館，門外有兩臺加油機；室內很暗，收銀機就像老掉牙的電話機一樣沒有什麼用場。女店員走過來給她送來了菜單，老太太覺得這位女店員的笑容讓她感到很舒服。她挺著大肚子，看起來最起碼有 8 個月的身孕了，可是一天的勞累並沒有讓她失去待客的熱情。老太太心想，是什麼讓這位懷孕的女人必須工作，而又是什麼讓她仍如此熱情地招待客人呢？她想起了拜倫。

女店員將老太太的 100 元現鈔拿去結帳，老太太卻悄悄地離開了咖啡館。當女店員將零錢送還給老太太時，發現位置已經空了，正想著老太太跑到哪裡去的時候，她注意到老太太的餐巾紙上寫著字，在餐巾紙下，她發現另外還壓著 300 塊錢。

餐巾紙上是這樣寫著的：「這錢是我的禮物。你不欠我什麼。我經歷過你現在的處境。有人曾經像現在我幫助你一樣幫助過我。如果你想報答我，就不要讓你的愛心失去。」

女店員讀著餐巾紙上的話，眼淚奪眶而出。

那天晚上，她回到家裡，躺在床上翻來覆去地睡不著，她想著那老太太留下的紙條和錢。那老太太怎麼知道她和她丈夫正在為錢發愁煩惱呢？下個月孩子就要生了，費用卻還完全沒有著落，她和丈夫一直都在為此擔心。現在放心了，老太太真是雪中送炭。

看著身邊熟睡的丈夫，她知道白天他也在為賺錢發愁。她側過身去給

他輕輕的一吻，溫柔地說：「一切都會好的，拜倫，我愛你。」

　　當一個嬰兒呱呱墜地時，我們不禁合起雙手感謝上蒼賜予他生命；當我們感到人生可貴時，又不禁合起雙手向蒼天祈禱生命的延續。其實，我們無權選擇生命的長短，但我們可以選擇生命的軌跡。任何軌跡都有起點，那麼我們應該選擇怎樣的起點呢？

　　在當今的社會環境中，我們要守住心中的那份善良，讓它永駐，並世代相傳。在人生的旅途中，請帶著善良上路，因為善良就是你生命的守護神，她會為你帶來幸運、友愛和人間最美的祝福！

第 19 堂課
放棄 —— 輕鬆漫步在艱難世間路

‖ 學會捨得，才能獲得 ‖

在我們的人生旅途中，隨時都在面臨放棄和被放棄。但你必須明白，並不是所有的探索都能發現鮮為人知的奧祕，並不是所有的跋涉都能抵達勝利的彼岸，並不是每一滴汗水都會有收穫，並不是每一個故事都會有美麗的結局。因此，我們應該學會放棄，明白這點，也許你就會在失敗、迷茫、愁悶、面臨「心苦」時，找到平衡點，找回自己的人生座標。

從前有個孩子，手伸到一隻裝滿榛果的瓶裡，他盡其所能地抓了一大把榛果，當他想把手收回時，手卻被瓶口卡住了。他既不願放棄榛果，又不能把手抽出來，不禁傷心地哭了。這時一個旁人告訴他：「只拿一半，讓你的拳頭小些，那麼你的手就可以很容易地抽出來了。」

貪婪是大多數人的毛病，有時候只抓住自己想要的東西不放，就會為自己帶來壓力、痛苦、焦慮和不安。往往什麼都不願放棄的人，結果卻什麼也沒有得到。

放棄是一種智慧。儘管你的精力過人，志向遠大，但時間不容許你在一定時間內同時完成許多事情，正所謂：「心有餘而力不足。」就如把眼前的一大堆食物塞進嘴裡，塞得太滿，不僅腸胃消化不了，連嘴巴都要撐破了！所以，在眾多的目標中，我們必須依據現實，有所放棄，有所選擇。

一位精神病醫生有多年的臨床經驗，在他退休後，撰寫了一本醫治心理疾病的專著。這本書足足有 1,000 多頁。書中有各種病情描述和藥物、情緒治療辦法。

有一次，他受邀到一所大學講學，在課堂上，他拿出了這本厚厚的著作，說：「這本書有 1,000 多頁，裡面有治療方法 3,000 多種，藥物

10,000 多樣，但所有的內容，只有四個字。說完，他在黑板上寫下了「如果，下次。」

醫生說，造成自己精神消耗和折磨的全是「如果」這兩個字，「如果我考進了大學」、「如果我當年不放棄她」、「如果我當年能換一項工作」……

醫治方法有數千種，但最終的辦法只有一種，就是把「如果」改成「下次」，「下次我有機會再去進修」、「下次我不會放棄所愛的人」……

錢鍾書在《圍城》中講過一個十分有趣的故事。天下有兩種人，譬如一串葡萄到手後，一種人挑最好的先吃；另一種人把最好的留在最後吃，但兩種人都感到不快樂。先吃最好的葡萄的人認為他拿的葡萄越來越差。把好的留在最後吃的人認為他吃的每一顆都是葡萄中最壞的。

原因在於，第一種人只有回憶，他常用以前的東西來衡量現在，所以不快樂；第二種人剛好與之相反，同樣不快樂。

為什麼不這樣想，我已經吃到了最好的葡萄，有什麼好後悔的；我留下的葡萄和以前相比，都是最棒的，為什麼要不開心呢？

這其實就是生活態度問題，它決定了一個人的喜怒哀樂。

如果一生不懂得去選擇也不懂得去放棄，那一輩子就永遠也沒有快樂。

漫漫人生路，只有學會放棄，才能輕裝前進，才能不斷有所收穫。一個人倘若將一生的所得都背負在身，那麼縱使他有一副鋼筋鐵骨，也會被壓倒在地。在人生的關鍵時刻，懂得放棄小利益，不為小恩小惠所動，這絕對是一本萬利的。當然，用自己的利益做賭注，即使再小，也不是任何人都願意去做的，這就要求我們要有長遠的眼光，要勇於下注。

有一個聰明的年輕人，很想在一切方面都比他身邊的人強，他尤其想成為一名大學問家。可是，許多年過去了，他的其他方面都不錯，學業卻沒有長進。他很苦惱，就去向一個大師求教。

大師說：「我們登山吧，到山頂你就知道該如何做了。」

那山上有許多晶瑩的小石頭，煞是迷人。每見到他喜歡的石頭，大師就讓他裝進袋子裡背著，很快，他就吃不消了。「大師，再背，別說到山頂了，恐怕連動也不能動了。」他疑惑地望著大師。「是呀，那該怎麼辦呢？」大師微微一笑：「該放下，不放下背著石頭怎能登山呢？」

年輕人一愣，忽覺心中一亮，向大師道了謝走了。之後，他一心做學問，進步飛快……

人要有所得必要有所失，只有學會放棄，才有可能登上人生的極致高峰。

其實，我們每個人都有自己的一份執著，或許是信念，或許是一種習慣，或許是一份感情，合理的執著可以成為我們生活的原動力，可是有時候過度的執著卻會變成一份盲目的堅持。因此，執著追求和果敢放棄是走向成功的雙翼。不執著容易半途而廢；不放棄，便容易一條道走到黑。做出準確的判斷，選擇屬於你的正確方向，才能讓你一步步踏上成功的快車道。

放棄是一種藝術，在物欲橫流的今天，不僅需要你做出選擇，而且更多的是要學會放棄。與其說是選擇得當，不如說是放棄得好！人生苦短，要想獲得越多，就得放棄得越多。那些什麼都不放棄的人，是不可能有多少收穫的。其最終結果是對自己生命的最大的放棄。讓自己的一生永遠活在碌碌無為之中。

整體來說，放棄是一種睿智，是一種豁達；放棄是金，是一門學問，放棄是對美好事物發展的又一個開始，是新的起點，是錯誤的終結。它不盲目，不狹隘。放棄，對心境是一種寬鬆，對心靈是一種滋潤，它驅散了烏雲，它清掃了心房。有了它，人生才能有爽朗坦然的心境；有了它，生

活才會陽光燦爛。所以，朋友們，把包袱卸下，放開你心裡的風箏線，不要讓風箏把心帶走，讓你的心和風箏一樣自由的翱翔！別忘了，在生活中還有一種智慧叫「放棄」！

魚和熊掌不可兼得

人的生命如同一趟旅行，如蝸牛一樣負重，自然無暇去欣賞沿途的風光。拋棄肩上不必要的物品，抖擻掉所有罣礙，旅途才會愉快。筆者曾見一幅漫畫：一個背著布袋的和尚吃力地行走，放下布袋後，身體立即輕鬆舒適。他說：「放下就是快樂。」其實，快樂與否倒更在於放下與不放下之間的平衡。做人，至少不該放下正直；處世，至少不該放下寬廣的胸懷；做事，至少不該放下厚道。責任不該放下，良知不能放下，情義不能放下。不該放下的無論如何不要放下，否則你就是播下不幸的種子；該放下的自當平靜從容地放下，太多的人原也曾從容、平和地生活著，可一旦面對太多誘惑的時候，難以取捨，從此便眼花繚亂、煩惱叢生；甚至在現實中被太多的欲望牽扯著而不知進退，在山重水複中迷失自己，並無端地折磨自己，自尋煩惱，傷己的同時還在傷人，而讓自己成為最可憐和可恨的人。所以，放棄，是一種智慧之舉，一種至高境界。人能拋棄一切蕪雜累贅，人生才能得到昇華。

選擇放棄，並不是每個人都能做到的，只有成熟的人才懂得該放棄時放棄，樹立目標後堅定選擇。生活不是單純的取與捨，不要斤斤計較失去的，有時得到比失去的更可貴。放棄是為了更好地選擇，在放棄中進行新一輪進取，懂得選擇，學會放棄你就能找到一個美麗的天地。懂得放棄才能擁有一份成熟，才能獲得更加充實、坦然和輕鬆，放棄了過高的奢望，

放棄了不可能實現的夢想，腳踏實地，才能獲得真實從容，走出真正屬於自己的路來，放棄了不可能的結束，才能重新開始。人生如戲，每個人都是自己生命唯一的導演，只有學會選擇和放棄的人才能徹悟人生，笑看人生，魚和熊掌不可兼得。

劉曉琴是一家公司的業務員，公司的業務部主管調職了，於是公司決定在幾個業務比較出色的職員裡面選擇一個來出任業務主管。劉曉琴也在後備人選中，她高興極了，心想自己一定要好好表現。

劉曉琴還有一個特長是彈古箏，正好這段時間有一個朋友來找劉曉琴，說是有個兼職家教的工作，教一個孩子彈古箏，問劉曉琴是否能去，對方家長給出的薪資還比較高。劉曉琴算了一下，她兼職一個星期的收入就快超過她半個月的薪資，就一口答應了。

剛開始幾天還好，公司也不忙，教孩子的東西也比較簡單。可是沒幾天，公司的業務量加大了，她每天不得不白天跑業務，傍晚教古箏，晚上回家還要做善後工作。一個星期下來，工作狀態不好，業務量越來越少，單子也總是出錯。而到了孩子家要教古箏的時候卻提不起精神來，有一天居然睡著了。

一個月以後，公司升遷名單裡沒有劉曉琴，她還因為工作中的一些錯誤被扣了很多薪資。兼職那裡也因為自己精神不佳，被家長看到，拿到的錢並沒有預期的多。

這個時候，劉曉琴才懊惱自己太貪心，什麼都想得到，最後卻得不償失。

人生就是如此，當生活強迫我們必須付出慘痛的代價以前，主動放棄局部利益保全整體利益是最明智的選擇。正所謂拿得起放得下。

選擇其實就是一個「放」與「取」的過程。該放什麼，該取什麼，說

到底是一種人生藝術。放棄就是為了更好地選擇。只要你在人生道路上，找到適合自己的人生座標，你就能夠充分發揮聰明才智，改變自己的命運，從而到達成功的彼岸。

隨著文明的不斷進步，我們的社會越來越開放，年輕人擁有較之以往任何時代都更加自由的選擇權和發展權。面對眾多的職業選擇機會，冷靜與克制是最好的心態。畢竟我們的精力與智力都是有限的，身為專業化社會大系統中的一分子，我們只是一個零件，而不可能是整部機器，我們的成功依賴於我們的專業化程度，我們必須看到任何偉人都是屬於其特定領域的，離開了這一背景，他們同凡人並無區別。

因此，凡成功人士都明白只有將自身的光熱聚焦於一點，才可能點燃成功的火種。在歷史的長河中，成功人士都有各自的缺陷，但是這並不能妨礙他們走向成功，因為他們知道自己無法處理一切事情。他們只是「團隊」的一部分，在團隊之中仍有許多人很重要，可以彌補他們的不足。於是他們學會了只關心和經營自己熟知的領域，而將其他不了解的事物託付給專業人員，他們信任和鼓勵這些專業人員，以便相互合作，使事業的身體成功運轉。

‖ 拿得起，放得下 ‖

「放下」是一種覺悟，更是一種自由。如果不懂得「放下」的藝術，人就活在痛苦裡，如果事事向「錢」看，「我們的人生除了錢還剩下什麼？」不知道，這樣的話有多少人問過自己。有一位皇帝，登上城牆說：「這麼多人，國必強盛。」身邊的高僧說：「我只見到兩個人，一個貪名，一個貪利。」這句話充分指出了世上追逐名利的人之多，超出了我們的想像。

　　一個成就大事的人，不能貪圖眼前的榮華富貴，以免被暫時的收穫蒙住了雙眼，被身邊的追名逐利之氣擾亂了內心；不要和人針鋒相對地爭高下，以免過早暴露出野心，徒增恐懼心。這樣處世，即使落入艱難困苦中，也不會有什麼憂慮，而當宴飲遊樂時卻要警惕，以免無意中誤入墮落之途。即使遇到有權有勢的人，也不畏懼，可以保持冷靜獨立的心智；而當遇到孤苦無依的老人和小孩時，卻具有高度的同情心，以博得大眾的擁戴。始終保持冷靜平和的心態，特立獨行的處世風格，超越一切世俗的羈絆，果敢走向自己理想的彼岸。

　　這樣的人是拿得起放得下的，對他們而言，人生就是如此，有得到就一定有失去，這種心態，讓他們在自己的人生道路上越走越順。

　　有這樣一個故事，告訴我們放下的重要性。

　　兩個和尚趕路，遇到一個美女被河水所阻，其中一個和尚就背她過了河。他們又繼續趕路，走了好久，另一個和尚指責他的同伴：出家人不近女色，你怎麼能背她呢？那個曾經「美女在背」的和尚嘆息道：我早把她放下了，你怎麼還背著她？

　　人生是複雜的，有時又很簡單，甚至簡單到只有拿起和放下。應該拿得完全可以理直氣壯地去拿，不該拿的則當毅然放下。拿起往往容易心地坦然，而放下需要巨大的勇氣。若想駕馭好生命之舟，每個人都面臨著這樣的永恆的課題。

　　俗話說：「人為財死，鳥為食亡。」錢財確實給人帶來了不少快樂，也給人帶來不少煩惱。對於有些人來說，把錢財看得太重，自己無錢時眼紅別人，不擇手段、千方百計地得到錢財，自己有錢時又非常吝嗇，親兄弟之間甚至對父母也是分厘必爭，對這些人來說，錢財不僅是煩惱，而且能使其喪失生命中原本擁有的許多東西，當然不會給他們帶來快樂。該放

下時放下，這也是為人處世的必修課。

　　在遠離都市喧囂的僻靜處有一條老街。街上有一家修鞋鋪，住著一位修鞋匠。與別的商店不同的是，這位老修鞋匠還保留著十分原始的經營方式。他從來不吆喝，晚上也不收攤，過著與世無爭的悠閒生活。他的旁邊放著一個修鞋機和一個紫砂壺。他認為自己已經老了，掙的錢夠自己喝茶就可以了，十分滿足於當下的生活狀態。

　　有一天，一位古董商從他身旁經過，不經意間看到了老鞋匠身邊的紫砂壺，看那壺古樸雅致，紫黑如墨，頗有清代「捏泥成金」美名的戴振公的風格。據說這種壺全世界只有三件：一件在美國紐約州立博物館，一件在臺北故宮博物院，還有一件在泰國某位華僑手裡。於是，商人走過去，拿起那把壺仔細地端詳起來。他發現在這把紫砂壺的壺嘴外有一記印章，還真是戴振公的！能在這個不起眼的小巷子裡找到如此珍貴的古董，商人驚喜不已。

　　這個商人沒有絲毫的猶豫，他找到老鞋匠，說願意出 10 萬元買下這把壺。老鞋匠聽到後，很是吃驚，隨後馬上拒絕了，因為這把壺是他的家庭世代傳下來的，他們祖孫幾代都用這把壺來喝茶。

　　壺雖然沒有賣，但商人走後，老鞋匠內心不平靜起來。他有生以來第一次失眠了，沒有想到這把普通的茶壺竟然這麼值錢。是商人打破了他平靜的生活，原來他躺在椅子上喝水，都是閉著眼睛將壺放在小桌上的，現在他只要坐起來再看一眼，就會感到心累。尤其使他不能夠容忍的是，當四周的人知道他有一把價值連城的茶壺後，都紛紛過來問詢，有的甚至開始向他借錢，還有的大晚上來推他家的門。就這樣，一把壺將老人的生活徹底打亂了。

　　一段時間後，商人再次拿著 20 萬元現金登門，老鞋匠再也坐不住

了。他狠下心，將左右店鋪裡的人都叫過來，拿起一把斧頭，當眾將那把紫砂壺砸了個粉碎。從此之後，他的生活又恢復了往日的平靜。

老鞋匠正是因為勇於捨棄，才獲得了恆久的幸福和快樂。如果他像人們所想的那樣，將紫砂壺賣了，那麼，他最後的幾十年就有可能會在憂愁和煩惱中度過了。

有人唯財是貪，唯色是漁，此種人動物性沒有蛻盡。君子愛財，取之有道，不義之財不取，這樣的人，才是有氣節，真正對得起這一撇一捺相互支撐的人字。放下對金錢的執著，才能取得生命的尊嚴，獲得他人的認同和稱讚。

作家亨里克·易卜生（Henrik Johan Ibsen）對金錢的認識可謂精闢。他指出：「錢能買來食物，卻買不來食慾；錢能買來藥品，卻買不來健康；錢能招來熟人，卻招不來朋友；錢能帶來奉承，卻帶不來信賴；錢能使你每天開心，卻不能使你得到幸福。」錢能做很多事，但同樣也有買不到的東西，因此，放下對這些身外物的執著追求，便可換回一顆自由、不受汙染的心。

在我們的現實生活中，也需要有一種放得下的清醒。其實，在物欲橫流的今天，擺在每個人面前的誘惑實在太多，這就需要保持清醒的頭腦，勇於放下。如果抓住想要的東西不放，甚至貪得無厭，就會帶來無盡的壓力、痛苦和不安，甚至毀滅自己。

古語說：「寵辱不驚，看庭前花開花落；去留無意，望天上雲卷雲舒。」這句話就道出了「放下」的快樂，而身為現代人，我們為何不像他們一樣，學會「放下」來讓自己少一分煩惱，多一分快樂呢？

我們常說一個人要拿得起，放得下，而在付諸行動時，「拿得起」容易，放下卻很難。一個懂得放下的人，必是有心胸，懂得享受生命的人，

這樣的人對於「名和利」並不在乎，一切事情，都從本心出發，將一切煩惱都拋之腦後，快樂才是他對人生的最高追求。本著這個原則處世的人，必有一顆超然的心。

第 20 堂課
溝通 —— 不是說服別人，就是被別人說服

∥ 少傾訴，多傾聽 ∥

古希臘哲學家蘇格拉底長於辯論，擅長演講，當時有不少年輕人向他請教怎麼演講。有一次，一個年輕人為表現自己，在蘇格拉底面前滔滔不絕地講了許多話。等他好不容易停下之後，蘇格拉底說：「我可以教你怎麼演講，但你必須繳雙倍學費。」年輕人驚詫地問道：「為什麼要我加倍呢？」蘇格拉底說：「因為我得教你兩樣功課，一門是怎樣學會閉嘴；另外一門才是怎樣演講。」年輕人聽了羞愧地低下了頭。

現實生活中，類似的人不在少數。他們稱得上才華橫溢，見多識廣，說起話來口若懸河、頭頭是道。一般情況下，人們都會以為，這樣的人一定是交際高手，其人緣肯定不差。但事實卻恰恰相反 —— 這樣的人，給人的感覺就一個字：煩。為什麼？因為與人交談時，他們總是習慣將自己放在主要位置，自始至終一人獨唱主角，喋喋不休地推銷自己，滔滔不絕地訴說自己的故事。記得有個名人說過，很多人之所以在人群中混不開，並不在於他們說錯了什麼，而是因為聽得太少，或者不注意傾聽。

凱麗娜花了近半個小時才讓一個客戶下定決心買車，而後，凱麗娜需要做的，只不過是讓他走進凱麗娜的辦公室，簽下一紙合約。

當兩人向她的辦公室走去時，那人開始向她提起他的兒子，因為他兒子就要考進一所有名的大學了。他十分自豪地說：「凱麗娜，我兒子要當醫生。」

「那太棒了。」凱麗娜說。當他們繼續往前走時，凱麗娜卻看著其他的人。

「凱麗娜，我的孩子很聰明吧，」他繼續說，「在他還是嬰兒時我就發現他相當聰明。」

「成績非常不錯吧？」凱麗娜說，但仍然望著別處。

「在他們班是最棒的。」客戶又說。

「那他高中畢業後打算做什麼？」凱麗娜問道。

「我告訴過你的，凱麗娜，他要到大學學醫。」

「那太好了。」凱麗娜說。

突然，那人看著她，意識到凱麗娜太忽視他所講的話了。「嗯，瞧，」他說了一句，「我該走了。」就這樣他走了。

第二天上午，凱麗娜給那人的辦公室打電話說：「我是凱麗娜‧吉拉德，我希望您能來一趟，我想我有一輛好車可以賣給您。」

「哦，偉大的業務員小姐，」他說，「我想讓你知道的是我已經從別人那裡買了車。」

「是嗎？」凱麗娜說。

「是的，我從那個欣賞我的人那裡買的。當我提起我對我的兒子吉米有多驕傲時，她是那麼認真地聽。」

隨後他沉默了一會兒，又說：「凱麗娜，你並沒有聽我說話。對你來說，我兒子吉米成不成為醫生並不重要。好，現在讓我告訴你，當別人跟你講他的喜惡時，你得聽著，而且必須全神貫注地聽。」

頓時，凱麗娜明白了。凱麗娜此時才意識到自己犯了個多麼大的錯。

「先生，如果那就是您沒從我這裡買車的原因，」凱麗娜說，「那確實是個不錯的理由。如果換我，我也不會從那些不認真聽我說話的人那裡買東西。那麼，十分對不起。然而，現在我希望您能知道我是怎樣想的。」

「你怎麼想？」

「我認為您很偉大。我覺得您送兒子上大學是十分明智的。我敢打賭您兒子一定會成為世上最出色的醫生。我很抱歉讓您覺得我無用，但是，

您能給我一個贖罪的機會嗎？」

「什麼機會？」

「如果有一天您能再來，我一定會向您證明我是一個忠實的聽眾，我會很樂意那麼做。當然，經過昨天的事，您不再來也是無可厚非的。」

三年後，他又來了，凱麗娜賣給他一輛車。他不僅買了一輛車，而且也介紹了他許多的同事來買車。後來，凱麗娜還賣了一輛車給他的兒子──吉米醫生。

從上面的例子中我們可以得出這樣的結論：我們要少說多聽。哲人曾經說過：造物主給了我們兩隻耳朵一張嘴，就是要我們多聽少說。況且，嘴還有另外的功用──吃飯，而耳朵只用於聆聽，所以我們更要少說多聽。

傾聽的好處就在於，你可以從多種角度看問題。如果人們意識到你有這種能力，他們就會更願意支持你。從人們的各種評論中發現新的可能性，哪怕是負面的觀點或是刻薄的論調都有價值。即使什麼都沒有，你也能從中感覺出未來工作的難易程度。如果雙方都急於表達自己的意願，卻不聽對方的談話，那麼溝通將無從談起，得到理解和支援更是難上加難。所以，要想贏得人心，學會傾聽很重要。值得注意的是，傾聽，不僅是用耳朵聽，還要用心聽。怎麼做才能使對方感受到你在全身心傾聽呢？美國俄亥俄州州立大學臨床心理學家瑪依凱魯‧拉克勞塞博士曾以諮詢為對象做了一個關於傾聽的實驗。實驗得出，保持微笑、頻繁地點頭、談話中 80% 的時間看著對方的眼睛、和對方面對面交談時採取上身前傾 20 度的姿勢，會讓對方感覺到我們的真誠，從而願意向我們透露其內心的真實想法。

看來做一個謙虛忍耐的聽者，是談話藝術當中一項相當重要的條件。因為能靜坐聆聽別人意見的人，必定是一個富於思想和具有謙虛柔和性格

的人。這種人在人群之中，起初也許不大受注意，但最後則是最受人尊敬的。因為他虛心，所以，為任何人所喜歡；因為他善於思維，所以，為眾人所信仰。那麼，怎樣做一個良好的聽者呢？

- **要有良好的精神狀態**：良好的精神狀態是保證傾聽素養的重要前提，如果溝通的一方萎靡不振，是不會取得良好的傾聽效果的，它只能使溝通素養大打折扣，而保持身體警覺則有助於使大腦處於興奮狀態。

- **及時用動作和表情給予呼應**：談話時，應善於運用自己的姿態、表情、插入語和感嘆詞，諸如：微笑、點頭等，配合對方的語氣適當表述自己的意見，會使談話更加的融洽。

- **使用開放性動作**：開放性動作是一種資訊傳遞方式，代表著接受、容納、興趣與信任。這會讓說話者感到你已經做好準備積極適應他的思路，理解他所說的話，並給予及時的回應。它傳達給他人的是一種肯定、信任、關心乃至鼓勵的資訊。

- **必要的沉默**：沉默是人際社交中的一種手段，它看似一種狀態，實際蘊含著豐富的資訊。它就像樂譜上的休止符，運用得當，則含義無窮，真正可以達到「無聲勝有聲」的效果。但沉默一定要運用得體，不可不分場合，故作高深而濫用沉默，沉默一定要與語言相輔相成，才能獲得最佳的效果。

- **適時適度地提問**：適時適度地提出問題是一種傾聽的方法，它能夠給講話者以鼓勵，有助於雙方的相互溝通。

- **不要隨便打斷別人講話，要有耐心**：當碰到說話內容很多或者由於情緒激動等原因使得語言表達有些零散甚至混亂的人，你都應該耐心地聽完他的敘述，即使有些內容是你不想聽的，也要耐心聽完，千萬不要在別人沒有表達完自己的意思時，隨意地打斷別人的話語。當別人

流暢地談話時，隨便插話打岔，改變說話人的思路和話題，或者任意發表評論，都會被認為是一種沒有教養或不禮貌的行為。

要使別人對你感興趣，那就先對別人感興趣。問別人喜歡回答的問題，鼓勵他人談論自己及所取得的成就。不要忘記與你談話的人，他對他自己的一切，比對你的問題要感興趣得多。

總之，傾聽需要做到耳到、眼到、心到，當你透過巧妙的應答輕鬆把別人引向你所需要的方向或層次，這樣你就輕鬆掌握談話的主動權了。

有顆包容心，把指責變成商量

成功的家教與父母的言語表達息息相關。尤其是父母跟孩子說話的語氣，將對孩子的情商、智商、氣質、修養等產生不可估量的影響。

每個孩子都是有自尊心的。要孩子去做某件事情，可用商量的語氣，讓他明白，他跟你是平等的，你是尊重他的。而且，用商量的語氣和孩子進行溝通，不光是尊重孩子，也是一種較為輕鬆的溝通方式。試想，誰不喜歡聽好聽的、溫和的話呢？尤其是孩子，更喜歡獲得最親近的人 —— 父母的尊重和肯定。因此，要用商量的語氣和孩子說話，這樣孩子從心靈深處就會接受父母的安排和要求，這樣要比命令式要好很多。

當然，也有一些家庭，一開始對孩子是命令式的，要改為商量的語氣也比較困難，那是不是這樣的情況就不用改變了呢？當然不是，畢竟命令式的教育沒有商量式客觀科學。所以，我們要改變孩子，必須先改變自己，放對自己作為父母的心態，用認真而嚴肅的態度，充分尊重孩子的個性，用商量的口吻和孩子進行溝通！這樣溝通的效果非常好，不信請看下面這個小故事：

星期六的時候，全家都在家，吃過中午飯，老公準備帶著兒子出去打球。老公話音剛落，只聽兒子說道：「爸爸，我先出去一趟，回來再和你一起打球。」還沒等老公答應，兒子又轉頭對我說道：「媽媽，一會給你一個驚喜。」說完就跑了出去。

看著兒子這樣，我和老公都摸不著頭腦，很是不放心。於是，我趕緊走到窗邊向樓下看去，只見兒子和鄰居的小虎一起蹦蹦跳跳地出去了。

一個小時之後，兒子回來了。果然給了我們夫妻倆一個大驚喜，他和小虎一人頂著一頭金黃色的頭髮出現在我們面前。

看到這一切之後，我們都愣住了，不知道說什麼好，你看看我，我看看你。心中的第一個反應就是這個混小子瘋了！

我剛想好好「教育」他一番，這時，一個『聲音』阻止了我：「不過是頭髮而已，不是什麼大問題！」

我和老公對視了一眼，老公也表現得很驚奇，不過看得出來他和我抱著一樣的觀點。

「爸爸媽媽，我的頭髮酷嗎？我像不像阿泰斯特？」

兒子口中的羅恩·阿泰斯特（Ron Artest）是 NBA 的一位明星。我老公是籃球迷，在他的帶領下，我的兒子也喜歡上了這項運動，有著野獸之稱的阿泰斯特。兒子染成金黃色的頭髮肯定是看了阿泰斯特的髮型之後才做出的決定。

這小子自個兒美得不行，還專門跑到大衣櫃的鏡子前，撫摸自己的髮型。

終於，我開口說了一句很有智慧的話：「哦，不錯，的確是很酷。」

小虎聽完之後，也高興地回了家，看樣子也是想讓他的爸爸媽媽看看。

　　說實話，我非常不喜歡兒子把頭髮染成金黃色。但是我想兒子這樣做主要是因為對偶像的崇拜。我知道，任何一次憤怒的爭吵或者訓斥都會給男孩的心靈留下傷口，即使傷口總有一天會癒合，但最終還是會留下爭吵過的痕跡。所以，對於敏感的兒子來說，我需要做的是小心地呵護他。

　　兒子和老公正準備出去的時候，鄰居家傳來了小虎的哭聲。原來是小虎頂著一頭金髮回家之後，被他的父母進行了「男女混雙打」。

　　聽到小虎的哭聲，我看了兒子一眼，他似乎也意識到了什麼。

　　於是，我對兒子說：「兒子，你們學校允許你們染頭髮嗎？」

　　他搖搖頭，回答說不知道，我說：「學校有校規，不會允許你染黃髮的，如果你這個樣子去學校，你和我們都會被老師開導的。」

　　「可是這樣很帥啊！」

　　看得出來，兒子很不情願。

　　「我知道，可是我們不能因為做個性，就破壞了學校的規定啊。」

　　「那怎麼辦，媽媽？」

　　「這樣，你想不想做好學生？」我問道。

　　「想，當然想。」兒子肯定地回答道。

　　「那這樣，等你以後長大了，畢業進入職場後，你想染什麼顏色的頭髮，媽媽都支持，好不好？而且你現在還上小學，影響不好。並且你現在染頭髮，對頭髮傷害很大。」

　　兒子聽了我的話後，若有所思的點了點頭。看到兒子這樣，我和他爸爸對視了一眼。

　　隨後，兒子說道：「爸爸，今天我們不去打球了，我去把頭髮染回來，明天我們再出去打球。」

　　「好的。」老公高興地回答道。

在孩子成長的過程中，受到社會的影響，總會做出一些讓家長難以接受的事情，這個時候，父母首先要表示理解，不可以用成人的標準去評價他們。比如：批評他們，甚至動用武力懲罰他們，這樣只會挫傷男孩的心靈。父母應正確的引導男孩，提醒男孩這些行為是不正確的，相信男孩一定會做得很好。

英國教育家史賓賽說過：「對孩子要少下命令，命令只有在其他方式不適用或失敗時才用。要像一個善良的立法者一樣，不會因為去壓迫人而高興，而因為用不著壓迫而高興。」

兩代人的溝通，最重要的是相互理解、相互尊重。而親子間相互理解、相互尊重的方法就是學會商量。

妙語如珠，幽默讓交流妙趣橫生

人都喜歡充滿幽默與風趣的語言，傳統文藝晚會上，相聲小品之所以一直成為最受歡迎的節目之一，就在於它的表現形式離不開幽默，那幽默的語言強烈地感染著觀眾的心，幽默的話能抓住聽者的心，使對方平心靜氣，也可以使一些深刻的思想表達得更加生動和形象。

幽默具有神奇的魅力：可以使愁眉苦臉者笑顏逐開，也可以使熱淚盈眶者破涕為笑；可以為懶惰者帶來活力，也可以為勤奮者驅散疲憊；可以為孤僻者增添情趣，也可以使歡樂者更愉悅。例如：喜劇人物查理·卓別林（Charlie Chaplin）一露臉，他一張口、一舉手、一投足，立即便能把人們的心弦撥動，使千萬人為之捧腹、傾倒。

鄭瑞豪是一個非常幽默的警官，不管遇到什麼重大案件，他總能一笑置之，使問題迎刃而解。

就拿某天下午來說吧，有三位女士為了一點小事發生了爭執，三個人大吵大鬧地來到警察局，你一言，我一語，幾乎把警察局的屋頂掀了開來。女人的話匣子一打開，連局長都沒有插嘴的份。這時，鄭瑞豪淡淡地說了一句話：「請你們當中年紀最大的那一位先說吧！」

話剛說完，房間裡頓時鴉雀無聲。有誰願意承認自己老呢？

聰明的鄭瑞豪正是利用了女人們愛美、愛年輕的心理特點，使令人頭痛的問題迎刃而解。

鄭瑞豪的聰明才智不僅如此，他還曾經運用幽默順利地救助了一名企圖跳樓自殺的男子。當時情況十分緊急，男子站在高樓層的窗臺上，隨時都有可能往下跳。樓下擠滿了圍觀的群眾，這時醫生和記者也都來了，亂哄哄的全是人。那名想要自殺的男人正色屬內荏地喊叫著：「別過來！誰要再走近一步，我就跳下去！」

這時，鄭瑞豪帶了一名醫生走上前去，他只說了一句話，那男子便默默地走下了樓。鄭瑞豪說：「我不是來勸你的，是這位醫生要我來問問你。你死後願不願意把屍體捐給醫院？」

鄭瑞豪的幽默感還使他往往能夠在極細微的事情中搜尋到破案的關鍵。在一次執勤的時候，鄭瑞豪竟然輕而易舉地抓住了一個男扮女裝的通緝犯。警長問他：「罪犯偽裝得這麼完美，你怎麼會發現他是個男性呢？」

「因為他沒有女人的習慣。」鄭瑞豪笑著回答說，「我看他經過服裝店、食品店和美容院的時候，連看都沒有看一眼，我就知道，這個人絕對不是正常的女人。」

還有一次，鄭瑞豪無意中看到兩個年輕的外國人騎著一輛自行車在路上飛馳，鄭瑞豪急忙下車將他們攔住，問道：「你們不覺得這樣騎車是很危險的嗎？」

他們理直氣壯地說：「沒關係，天主與我們同在。」

鄭瑞豪聽了笑著說：「這樣的話，我不應該給你們開『超速』的罰單，而應該罰你們錢，因為兩個人是不能同騎一輛自行車的。」

就是這樣，幽默可使人冷靜，冷靜則使人充滿機智。

幽默是一種生活藝術，是一種氣質，是一種智慧的表現。幽默從機智出發，賦予機智以新的動力，同時也對幽默自身的意念、態度和手法產生影響。當機智在幽默中以其理性姿態出現時，則構成了機智性幽默這一新生物。

越是棘手的事情，越是需要幽默。幽默不只是娛樂自己，同時也是娛樂別人，只要人們可以笑得出來，還會有什麼解決不了的事情呢？

幽默，可以出奇制勝，化腐朽為神奇，藏醜顯美。古希臘著名哲學家柏拉圖長得一點都不神氣，但他卻談笑風生，說自己的眼睛像金魚一樣凸，這符合光學上的透視原理；鼻子朝天，有利於呼吸新鮮空氣；嘴闊大無比，可以和女孩感性接吻。聽了這些有趣的夫子之道，人們不但不會對這位相貌醜陋的大哲學家感到厭惡，反而會覺得他長得有個性，醜得恰到好處。

幽默的人，魅力無窮；幽默的人，人見人愛。幽默，不是語言上的巧嘴貧舌，而是多姿多趣的心智的折射。幽默有一種魅力，一個富有幽默感的人，無疑也是一個語言大師。

人人都知道幽默的好處，但是幽默不只是讓你的人生變得輕鬆，更重要的是，它可以改變你觀察世界的觀點！這奧妙就在於：他的一言一行、一舉一動都充滿了啟人心智、令人愉悅的幽默。

第 21 堂課
自信 —— 信心多一分，成功進一步

┃保持本色，你是獨特的自己┃

有人說，任何事物都有幾種看法，年輕人要有自己的看法。其實，不只是年輕人，每個人都應該有自己的看法。有思想，有主見，能時刻保持住自己的本色，這樣的人生才是獨一無二的，才是自己的人生。

在我們的現實生活中，上帝並沒有創造一個「標準人」，也沒有在某人身上貼標籤說「這個才是標準」。他使人類有個別獨特之分，猶如他使每一片雪花有個別獨特之分一樣。

人們常說，世界上不存在完全相同的兩片樹葉。所以，要自己，就不要過度關心別人的想法。你過度關心「別人的想法」時。你太小心翼翼地想取悅別人時，你對於別人真正或是假想的不歡迎過度敏感時，你就會有過度的否定回饋、壓抑以及不良的表現。

傳說有一隻兔子長了三隻耳朵，因而在同伴中備受嘲諷戲弄，大家都說牠是怪物，不肯跟牠玩；為此，三耳兔很悲傷，經常暗自哭泣。

有一天，牠終於作了決定把那一隻多出來的耳朵忍痛割掉了，於是，牠就和大家一模一樣，也不再遭受排擠，牠感到快樂極了。

時隔不久，牠因為遊玩而進了另一座森林。天啊！那邊的兔子竟然全部都是三隻耳朵，跟牠以前一樣！但由於牠已少了一隻耳朵，所以，這座森林裡的兔子們也嫌棄牠，牠只好怏怏地離開了。

這個寓言提醒了人們，凡事不要盲目地和別人相比，不同於別人的，不一定就是不好的。每個人都有各自的特點，也有各自的長處，不要拿別人的標準來衡量你自己。從某個角度來看，地球上每一個人都不如另一個人或另一些人。你不應因為比不上屬害的人而產生自卑感，使你的人生黯淡無光，也不該只因為某些事情無法做得像他們那麼屬害，就覺得自己是

一無是處。

身為一個人，你不必與別人比較高下，因為地球上沒有人和你一樣，你是獨一無二的，你不「像」任何一個人，也無法變得「像」某一個人，沒有人「要」你去像某一個人，也沒有人「要」人來像你。

之所以會有不如人的感覺，原因只有一種：我們不用自己的「尺度」來判斷自己，而用某些人的標準來衡量自己。我們這樣做，毫無疑問地，只會帶來低人一等的感覺，所以我們覺得憂慮、不如人，因而下個結論說我們本身有毛病。

這些都是因為我們接受了「我應像其他某一個人」的錯誤觀念。事實上並沒有「其他每一個人」的通用標準，況且「其他每一個人」都是由個人組成的，世界上沒有兩個完全相同的人。

無論何時，你不斷刻意地在乎你的舉止、言詞、態度時，你一樣會顯得抑制並且神經質。過度謹慎也無法使你好好表達，它只會閉塞、限制、抑止你創造性的自我，而使你給別人以一個不良的印象草草收場。

使別人對你產生良好印象的方法是：絕對不要有意地「想」讓別人對你產生好印象，絕對不要為了有意構想的效果而行動或不行動，絕對不要「猜疑」別人對你有什麼印象或別人如何評論你。

拉爾夫·沃爾多·愛默生（Ralph Waldo Emerson）在其散文《論自信》中寫道：「在每一個人的教育過程之中，他一定會在某時期發現，羨慕就是無知，模仿就是自殺。不論好壞，他必須保持本色。雖然廣大的宇宙之間充滿了好的東西，可是除非他努力耕作那一塊給他耕作的土地，否則他絕得不到好的收成。他所有的能力是自然界的一種新能力，除他之外，沒有人知道他能做出什麼和知道些什麼，而這都是他必須去嘗試求取的。」

　　一個小女孩，天生一副金嗓子，人人都誇讚她歌兒唱得像黃鶯一樣美妙動聽。於是，小女孩第一次有了夢想，她要成為一名歌唱家。為此，她付出了沉重的代價。當她終於有機會在眾人面前一展歌喉時，她卻突然發現自己長著一張醜陋的臉。女孩臉很長，嘴又很大，稍微動動嘴唇就露出一排大暴牙。看著鏡子裡長著大嘴的醜陋的自己，女孩傷心極了，她想：一定要在臺上遮住這一口難看的暴牙。

　　終於到了上臺演出的那一天，面對臺下一排排的觀眾，女孩表現得極其不自然。她一直試圖把上嘴唇拉下來，以蓋住自己的牙齒，結果卻適得其反，歌也唱得一塌糊塗，自己也出盡了洋相。

　　下臺後，女孩認為自己一定沒希望了。可沒想到第二天，就有一家唱片公司打來電話，邀她面試。那人在聽了女孩歌聲後，對她說：「昨天我就注意到你的表現，我明白你是在掩藏自己。」說著指了指自己的牙齒，然後接著說：「其實，我想說的是，長了一嘴暴牙並不是什麼難為情的事。你不必為了掩藏它，而失去了自己的本色。」

　　女孩尷尬極了，但她還是耐心地把話聽完了。那人接著說：「如果你願意勇敢地張開你的嘴的話，我想我能為你出一張唱片。也許你的牙齒會給你帶來好運也說不定呢。」

　　女孩接受了對方的忠告，當她的第一張唱片問世後，她立刻一夜成名，成為整個美國最搶手的歌星。從那以後，女孩到哪裡都張大嘴巴，熱情地歡唱，很多歌迷都刻意模仿她的模樣和歌喉。

　　女孩保持住了自己的本色，因此成就了獨特的自己，否則她可能還是芸芸眾生裡最普通平凡的一員。

　　生活的環境是複雜的，有好有壞，但只要做到了保持本色，堅持住了你獨特的個性，便不難發現一切都是如此簡單。別人怎樣看待你那是別人

的想法，最重要的是自己要懂得欣賞自己。我就是我，沒有人可以取而代之，我雖然不夠完美，但至少還是獨一無二的。

很多時候，我們因為覺得自己不夠好而希望自己成為別人，於是總過度壓抑自己，這就讓我們走上一條岔路。一步錯，步步錯，人生的負擔越來越重，直到最後被壓得喘不過氣來。既然如此，何不保持本色，簡單而快樂地活出自己的精彩呢？

每當我們在選擇的岔路上迷失方向時，不妨給自己上一堂人生哲學課，而不要一味地沉迷歧路，把自己埋沒在錯誤的苦惱和負擔中。威廉・莎士比亞（William Shakespeare）在《哈姆雷特》（*Hamlet*）中，借宰相波洛涅斯之口這樣說道：「最最重要的是忠於你自己。你只要遵守這一條，剩下的就是等待黑夜與白晝的交替，萬物自然地流逝；倘若真有必要忠於他人，也不過是不得不那樣去做。」

歸根究柢，成就都與本人的實際潛能有關。你只能唱你自己的歌，你只能畫你自己的畫，你只能做一個由你的經驗、你的環境和你的家庭所造成的你。詹姆斯・高登・季爾基博士說：「保持本色的問題，像歷史一樣的古老，也像人生一樣的普遍。」不願意保持本色，即是很多精神和心理問題的潛在原因。

你沒有必要去和別人比，自己的路只能靠自己去走，不論好壞，你都得自己創造自己的花園；不論好壞，你都得在生命的交響樂中，演奏你自己的樂器。所以，做自己，首先就要保持自己的本色。

‖ 扔掉「不可能」，沒有跨越不了的藩籬 ‖

培爾辛說過：「除了人格以外，人生最大的損失，莫過於失去自信心了。」生活中，不是因為有些事情難以做到，我們才失去自信；而是因為我們失去了自信，有些事情才顯得難以做到。一個人有了信心，就能產生一種不達目標誓不甘休的勇氣與毅力，有了這種勇氣和毅力，任何事情都不再是無法完成的。自信的人，豁達坦然，在名利面前巋然不動，在權勢面前昂首挺胸。自信心是一個人辦成一件事情的前提，也是成就大事的重要因素。

奧格斯特‧馮‧史勒格說過：「在真實的生命裡，每樁偉業都由信心開始，並由信心跨出第一步。」人，只有擁有了自信，才能自強不息，才能使人為自己的願望或理想而努力奮鬥。只有自信，才可以使人在艱難的事業中保持必勝的信念，才能使人有勇氣攀登科學高峰。自信的人，能夠保持精力旺盛，性情開朗，性格活潑，興趣廣泛，好奇心強；遇到問題，自己解決不了，能夠積極地向別人請教，共同商討，這樣有利於少走彎路，取得成功。所以，如果你想讓自己的人生多彩多姿，讓自己的人生一片絢爛，那麼千萬不要丟掉自信心。

宋代范仲淹有志於天下，他兩歲便失去父親，母親貧困無依，就改嫁到長山一位姓朱的人家。范仲淹稍微懂事之後，知道了自己的家世，泣別了慈母，到南都學舍不分晝夜地苦讀，五年中間竟沒有解開衣服好好地睡過覺。有時睏倦已極，便用冷水沖洗一下頭臉。他連粥都不夠吃，所以常常忍飢挨餓熬到下午才吃飯。就這樣，他勤奮地學習，《詩》、《書》、《禮》、《易》、《春秋》這五經之旨，便都領會並精通了，從而慷慨激昂地表達了以天下為己任的偉大志向，不僅提出了「先天下之憂而憂，後天下之樂而樂」的偉大抱負，而且成為宋代有名的政治家、文學家。

　　生命本身就是一個奇蹟，每個人的心中都蘊藏著無限的潛能；只要用心去做，一切皆有可能。為什麼我們在生活中做成了很多「不可能」的事情？那僅僅是因為我們不得不這樣做。「不可能」只是懶惰者和懦弱者的藉口，是人們主觀上對希望的放棄和對自身潛力的限制。拋開所有「不可能」的局限，奇蹟就會發生。

　　有一個孩子從小就熱愛籃球運動，並且和所有熱愛籃球運動的美國孩子一樣，他希望有朝一日能夠參加 NBA 的比賽。

　　孩子擁有這樣的夢想本來是一件值得人欣慰的好事，可是孩子的父母卻從一開始就勸告他要打消這個念頭，周圍的鄰居們聽到孩子的這個願望也都付之一笑，他們難道是要存心打擊一個年幼孩子的夢想嗎？也許他們並不是要故意打擊這個孩子。在他們看來，自己的勸告純粹是善意的，因為這個孩子的夢想是永遠都不可能實現的。

　　為什麼大家都這樣看待孩子的夢想，甚至連平時最疼愛孩子的父母也這樣想呢？原來，這個孩子一直以來都比同儕矮小得多，以他的身體條件也許可以把打籃球當成一種業餘興趣，但要想成為 NBA 比賽的籃球巨星無異於白日做夢。

　　但是，這個孩子卻不肯接受人們的建議放棄這個夢想，即使是白日夢他決定也要奮力一搏。

　　這個孩子漸漸長大成人了，他的夢想依然沒有改變。為了實現這個夢想，他一直以來都堅持不懈地練習投籃、運球、傳球等技巧，同時也加緊對體能的鍛鍊，幾乎每天人們都能看到他在球場上與不同的人進行籃球比賽。

　　憑著長期以來的鍛鍊，他的籃球比賽技能已經為自己贏得了很多榮譽，但是儘管如此，人們還是對他要參加 NBA 比賽的夢想嗤之以鼻，這

是因為已經長大成人的他，身高也不過 160 公分。矮個子想去參加 NBA 比賽，這在所有人眼中都是一個笑話，但是他本人卻認定了自己的理想，並且一步一步地向著這個理想邁進。他用比一般人多出幾倍的時間來練習籃球技巧，而且每一次練習他都投入百分之百的精力。

皇天不負苦心人，他終於成為鎮上有名的籃球運動員，代表全鎮參加過無數次比賽；後來他又成為全州最出色的全能籃球運動員之一，而且還是最佳的控球後衛；再後來，他成了 NBA 新奧爾良黃蜂隊的一名球員。

雖然他的個子創造了有史以來 NBA 球員身高最矮的紀錄，但是他卻成為 NBA 表現最傑出、失誤最少的後衛之一，不僅控球技術一流、遠投神準，甚至還可以憑藉不可思議的彈跳能力攔截 2 米多高球員的傳球。他在球場上更引人注目的是靈活迅速的步法，有一位籃球評論員稱他的速度「就像一顆旋轉中的子彈一樣」。

他就是柏格斯 —— NBA 歷史上個子最矮的籃球運動員。

在世事的動盪中，人的一生是不可能被注定的，任何苦難都應該勇敢面對，一切都有可能，永遠都不要說不可能。

▎拋開別人的眼光，做命運的設計師 ▎

俄國作家馬克西姆·高爾基（Maxim Gorky）曾說過：「所謂才能，是相信自己，相信自己的力量。」人活著，是應該擁有一份自信，自信是自立之基，自信乃自尊之本，人無自信，何以能繪出絢麗的七彩人生。生活中，人人都希望成功，渴望成功，但究竟怎樣才能成功呢？絕大多數人都會提出這樣的問題，對於這個問題，人們往往會回答：「成功來自於方法和毅力。」「成功源自堅持」等等。實際上，成功更重要的是來源於自

身的一種積極的習慣 —— 時刻相信自己能成功。在我們每個人的內心深處，都有一種與生俱來的力量。這種神奇的力量並不是來自虛無縹緲的神靈，而是出自本身。喚醒它的辦法就是 —— 相信自己。

美國學者查爾斯 12 歲時，在一個細雨霏霏的星期天下午，在紙上胡亂畫，畫了一幅菲力貓，它是大家所喜歡的喜劇連環畫上的角色。他把畫拿給了父親。當時這樣做有點魯莽，因為每到星期天下午，父親就拿著一大堆書籍和一袋無花果獨自躲到他們家所謂的客廳裡，關上門去忙他的事。他不喜歡有人打擾。

但這個星期天下午，他卻把報紙放到一邊，仔細地看著這幅畫。「棒極了，查克，這畫是你徒手畫的嗎？」「是的。」父親認真打量著畫，點著頭表示讚賞，查爾斯在一邊激動得全身發抖。父親幾乎從沒說過表揚的話，很少鼓勵他們五兄妹。他把畫還給查爾斯，說：「在繪畫上你很有天賦，堅持下去！」從那天起，查爾斯看見什麼就畫什麼，把練習本都畫滿了，對老師所教的東西毫不在乎。

父親離家後，查爾斯只有自己想辦法過日子，並時常給他寄去一些認為吸引他的素描畫並眼巴巴地等著他的回信。父親很少寫信，但當他回信時，其中的任何表揚都讓查爾斯興奮幾個星期，他相信自己將來一定會有所成就。

在美國經濟大蕭條那段最困難時期，父親去世了，除了福利金，查爾斯沒有別的經濟收入，他 17 歲時只好離開學校。受到父親生前話語的鼓勵，他畫了三幅畫，畫的都是多倫多多倫多楓葉隊（Toronto Maple Leafs）裡聲名大噪的「少年隊員」，其中有瓊·普里穆、哈爾維、「二流球手」傑克森和查克·康納徹，查爾斯並且在沒有約定的情況下把畫交給了當時多倫多《環球郵報》的體育編輯邁克·洛登，第二天邁克·洛登便

雇用了查爾斯。在以後的四年裡，查爾斯每天都給《環球郵報》體育版畫一幅畫。那是查爾斯的第一份工作。

美國作家查爾斯到了 55 歲時還沒寫過小說，也沒打算過這樣做。在向一個國際財團申請有線電視網執照時，他才有了這樣的想法。當時，一個在管理部門的朋友打電話來，說他的申請可能被拒絕，查爾斯突然面臨著這樣一個問題：「我今後怎麼辦？」查閱了一些卷宗後，查爾斯偶爾用十幾句潦草的字體，寫下了一部電影的基本情節。他在辦公室裡靜靜地坐了一會兒，思索著是否該把這項工作繼續下去，最後他拿起話筒，打電話給他的朋友、小說家阿瑟·黑利（Arthur Hailey）。

查爾斯說：「亞瑟，我有一個自認為不尋常的想法，我準備把它寫成電影。我怎樣才能把它交到某個經紀人或製片商，或是任何能使它拍成電影的人手裡？」「查爾斯，這條路成功的機會幾乎等於零。即使你找到某人採用你的想法並把它變為現實，我猜想你的這個故事大概所得的報酬也不會很大。你確信那真是個不同尋常的想法嗎？」「是的。」「那麼，如果你確信，哦，提醒你，你一定要確信，為它押上一年時間的賭注。把它寫成小說，如果你能做到這一點，你會從小說中得到收入，如果很成功，你就能把它賣給製片商，得到更多的錢，這是故事梗概遠遠不能做到的。」查爾斯放下話筒，開始問自己：「我有寫小說的天賦和耐心嗎？」他沉思後，對自己越來越有信心。他開始自己進行調查、安排情節、描寫人物……為它賭上了一年還要多的時間。

一年又三個月後，小說完成了，在加拿大的麥克萊蘭和斯圖爾特公司，在美國的西蒙公司、舒斯特和艾瑪袖珍圖書公司，在英國、義大利、荷蘭、日本和阿根廷這部小說均得到出版。結果，它被拍成電影——《綁架總統》（*The Kidnapping of the President*），由威廉·薛特納

（William Shatner）、哈爾‧霍爾布魯克（Hal Holbrook）、愛娃‧嘉德納（Ava Gardner）和范‧強森主演。此後，查爾斯又寫了五部小說。

假如你有自信，你就會獲得比你的夢想多得多的成功。

我們常會見到這樣的人，他們總是對自己所在的環境不滿意，由此產生了苦惱。例如：一個學生沒有考上理想的學校，覺得自己比不上別人，很自卑。於是書也念不下，一天天心不在焉地混日子。有的人對自己的工作不滿意，認為賺錢少、職位低，比不上別人，心裡又是自卑，又是消沉，天天懶洋洋的，做什麼也打不起精神來。於是工作常出錯，上司不喜歡他，同事也認為他沒出息。如此一來，他就越來越孤獨，越來越被公司的人排擠，越來越遠離快樂和成功。

其實，一個人如果對自己目前的環境不滿意，唯一的辦法就是讓自己戰勝這個環境。就拿走路來說，當你不得不走過一段狹窄艱險的路段時，你只能打起精神克服困難，戰勝險阻，把這段路走過去，而絕不是停在途中抱怨，或索性坐在那裡聽天由命。

成功者有一個顯著的特徵，就是他們無不對自己充滿了極大的信心，無不相信自己的力量。而那些沒有做出多少成績的人，其顯著特徵則是缺乏信心。正是這種信心的喪失，使得他們卑微怯懦、唯唯諾諾，最終一事無成。

當今社會，在風雲突變的商海中，在群雄逐鹿的競爭下，彼此間少了份真誠與信賴，多了些流言和猜疑，面對殘酷的現實我們只有相信自己，相信自己的實力，相信自己的選擇。用我們的愛、我們的信念、我們的寬容、我們的自信和我們獨有的人格魅力去征服我們所要征服的一切。

第 22 堂課

吃虧 —— 慈忍謙讓現輝煌

｜吃虧就是占便宜｜

「吃虧是福」，人人都會說，但真正願意吃虧的人卻很少。多數人仍對吃虧心存芥蒂，只有很少一部分人透過吃虧找到了成功之路。

西元 1840 年，英國出現了世界上最早的郵票 ── 黑便士郵票。當時由於準備的不充分和組織疏忽的原因，原本預計在 5 月 6 日正式啟用的，可是有的城市竟然提前在 5 月 2 日售出。提前發售的郵票價值培增，一直為後世的收藏家和郵票愛好者們視為價值連城的寶物。但是，由於時間的原因，原本不多的郵票能夠流傳到現今的，只有兩枚。「物以稀為貴」，這兩枚郵票成為了收藏界的珍寶。

100 多年之後，在一次美國的拍賣會上這兩枚郵票終於再次向世人展現了它們的面目。許多人不遠萬里來到這裡，想一睹為快，更有不少的人想將這兩枚郵票買下來成為自己的私藏品。

拍賣大廳裡面人頭攢動，買家們摩拳擦掌，都有著一副勢在必得的樣子。拍賣師宣布拍賣會現在開始，底價為 10 萬美元。剛剛說完，下面便是一陣的鼓噪和叫嚷：「15 萬」、「20 萬」、「30 萬」、「50 萬」、「80 萬」價格一路飆升，遠遠超過了拍賣方預期的價格。當他們準備以 80 萬美元的價格成交時，突然間聽到角落裡傳來一聲低沉的聲音：「200 萬。」熱鬧的大廳突然間安靜下來，人們都把目光投向了角落裡的那個神祕人物，卻發現這只是一個很平常的年輕人。在拍賣師毫無懸念地連唱三遍：「200萬」時，最終落下鎚子，完成了這筆交易。

當人們還在震撼之中沒有回味過來時，年輕人又做了一件讓他們瞠目結舌的事，只見他從口袋裡掏出打火機，燒掉了其中的一枚郵票，神色淡定從容。全場的人都認為他瘋了。有人大叫著說：「這個傻瓜，你燒掉的

可是 100 萬美元啊！」年輕人的臉上露出孩子般的微笑，只聽他高聲喊道：「諸位，從今天開始，世界上 5 月 2 日黑便士郵票只有一枚了，因此我宣布，它已變成 500 萬美元，有人想要的話，可要掌握時間了，因為這是獨一無二的。」

不久之後，一位富商花了 600 萬美元，從年輕人的手裡買走了這枚郵票。

人們都以為得到才是好的，而年輕人卻用事實向人們說明失去珍貴的東西，未嘗不是一件好事。「失之東隅，收之桑榆」，一個人只有願意吃小虧，不求事事占便宜，討好處，才有大便宜可占。相反，那種事事處處要占便宜、不願吃虧的人，到頭來反而會吃大虧。

生活中很多不快樂是因為自己吃了虧，認為「吃虧」就意味著「失去」，認為吃虧是一種極其愚蠢的行為。其實不然，吃虧就是「捨」，只有「捨」才能「得」，所以，從某種意義來說，吃虧就是占便宜。

明朝蘇州城裡有一家典當鋪的掌櫃尤老翁，他一向信奉和氣生財的準則，從來不和顧客發生爭執。一年年關前夕，尤老翁在盤帳，忽然聽見外面櫃檯處有爭吵聲，就趕緊走了出來。原來是夥計正在與常在這裡典當東西的趙老頭爭吵著什麼。

尤老翁二話不說，先將夥計訓斥一頓，然後就笑著向趙老頭賠不是。可是趙老頭臉色鐵青，不見一絲和緩之色，站在櫃檯前一句話也不說。

挨了罵的夥計委屈地向老闆訴苦：「老爺，這事不能怪我呀，是這個趙老頭蠻不講理。他前些日子當了衣服，現在，他說過年要穿，一定要取回去，可是他又不還當衣服的錢。我剛一解釋，他就破口大罵。」

尤老翁點點頭，打發這個夥計去照料別的生意，自己過去請趙老頭到旁邊的椅子上坐下，語氣懇切地對他說：「老人家，消消氣，不要與夥計

一般見識。我知道你的來意，過年了，總想有身體面點的衣服穿。這是小事一樁，大家都是熟人，抬頭不見低頭見的，什麼事都好商量。」

說著就吩咐另一個夥計查一下帳，從趙老頭典當的衣物中找四五件冬衣來。衣服取來後，尤老翁親手遞給他說：「這件棉袍是你冬天裡不可缺少的衣服，這件罩袍你拜年時用得著，這三件棉衣，孩子們也是要穿的。這些你先拿回去吧，其餘的衣物不是急用的，可以先放在這裡。」

趙老頭仍然板著臉，似乎一點也不領情，拿起衣服，連個招呼都不打，就急匆匆地走了。尤老翁並不在意，仍然含笑拱手將趙老頭送出大門。

沒想到，當天夜裡趙老頭竟然死在另一位開店的街坊家中。趙老頭的親屬乘機控告那位街坊逼死了趙老頭，與他打了好幾年官司。那位街坊被拖得筋疲力盡，花了一大筆銀子才將此事擺平。

事情真相很快透露了出來，原來趙老頭因為負債累累，家產典當一空後走投無路，就預先服了毒，來到尤老翁的當鋪吵鬧尋事，想以死來敲詐錢財。沒想到尤老翁並沒有以怒制怒，而是一忍再忍，明顯吃虧也不與他計較。結果趙老頭只好趕快撤走，在毒性發作之前選擇了另一家。

如果在趙老頭來尋釁滋事的時候，尤老翁不能控制自己的情緒，以怒相對，那麼最後攤上官司的肯定就不會是另一家店了。事後，有人請教尤老翁，怎麼會料到趙老頭有以死進行訛詐這一手？尤老翁說：「我並沒有想到趙老頭會走到這條絕路上去。我只是根據常理推測，若是有人無理取鬧，那他必然有所憑仗。在我當夥計的時候，我爹就常對我說『天大的事，忍一忍也就過去了』。」

從表面來看，尤老翁把趙老頭典當的衣服免費交還給他是吃了虧，但是，他因此免去了耗時、耗力、耗財的人命官司，實則是占到了大便宜。

正所謂「吃虧是福」。一些聰明的人遇到事情是不會去斤斤計較的，而是能夠成功地運用吃虧的智慧，得到更多的「福分」。

生活中，那些常怕自己吃虧，總是斤斤計較，處處較勁，為蠅頭小利也要與人爭得面紅耳赤的人，不妨多想想「吃虧是福」，用一種豁達的心態接受一切。用爭奪的方法，你永遠得不到滿足，但用讓步的辦法，你可以得到比期盼的更多。

「吃虧」不僅是一種境界，更是一種睿智。能夠吃虧的人，往往是一生平安，幸福坦然。不能吃虧的人，在是非紛爭中斤斤計較，他只局限在「不虧」的狹隘思維中，這種心理會蒙蔽他的雙眼，最終令其失去更多。

▎糊塗虧，莫計較 ▎

人在年紀小的時候，往往對社會和人生充滿了美好的憧憬。當一天天長大，經歷越來越多的時候，會猛然發現，社會和人生其實並不如當初自己想像的那麼美好。於是，便學會了濁眼看世界。許多事情，該糊塗時就別讓自己太過於清醒，不糊塗也要讓自己裝糊塗。因為，太清醒了，就很難再保持一顆如水的靜心。在這個時候，便能夠體會到「人生難得一糊塗」。原來，「糊塗」也是人生的一種佳境。

當一個人經歷了人生的許多風風雨雨之後，對於各種得失、利益、恩怨、是非，就不會再去過多計較。在是非原則問題上不去計較，在原則問題上也要大事化小、小事化了。在許多細小的問題上，更不會去作無休止的糾纏。理智地去處世，學會適應各種環境，應付各種逆境。以其理智的「糊塗」化險為夷，這種聰明的「糊塗」可以平息可能會發生的種種矛盾。

明白了這些，就不會經常發「舉世皆濁唯我獨清，舉世皆醉唯我獨醒」的感嘆；才能在融洽、平等、祥和的氣氛中處理一切問題；才能給自己製造一個快樂、自由的心靈空間，才能使我們更好地去吸取別人身上的種種智慧和力量，才能使自己的人生更加圓滿，更加順利。

有一個故事：

戰國時，齊國的孟嘗君是一個以養士出名的相國。由於他待士十分誠懇，感動了一個叫馮諼的落魄人，此人為報答孟嘗君的禮遇而投到他的門下為他效力。

一次孟嘗君叫人到其封地薛邑討債，問誰肯去。馮諼自告奮勇說自己願去，但不知將催討回來的錢買什麼東西。孟嘗君說，就買點我們家沒有的東西吧。馮諼領命而去，到了薛邑後，他見到老百姓的生活十分窮困，聽說孟嘗君的使者來了，均有怨言。於是，他召集了邑中居民，對大家說：「孟嘗君知道大家生活困難，這次特意派我來告訴大家，以前的欠債一筆勾銷，利息也不用償還了，孟嘗君叫我把債券也帶來了，今天當著大家的面，我把它燒毀，從今以後再不催還。」說著，馮諼果真點起一把火，把債券都燒了。薛邑的百姓沒料到孟嘗君如此仁義，人人感激涕零。

馮諼回來後，孟嘗君問他買了何物，馮諼據實回答，孟嘗君大為不悅。

馮諼對他說：「你不是叫我買家中沒有的東西嗎？我已經給你買回來了。這就是『義』。焚券市義，這對您收歸民心是大有好處的啊！」

數年後，孟嘗君被人譖讒，齊相不保，只好回到自己的封地薛邑。薛邑的百姓聽說恩公孟嘗君回來了，傾城而去，夾道歡迎。孟嘗君感動不已，終於體會到了馮諼「市義」苦心。

孟嘗君當年的「付出」並沒有想到日後的「回報」，但當他落難時卻發揮出意想不到的效果。這正是糊塗吃虧的智慧。可見吃虧也可以是好事。

　　郭德成，元末明初人，性格豁達，十分機敏，特別喜愛喝酒。

　　在元末動亂的時代裡，他和哥哥郭興一起，隨朱元璋轉戰沙場，立了不少戰功。

　　朱元璋做了明朝開國皇帝後，原先的將領紛紛加官晉爵，待遇優厚，成為朝中達官貴人。郭德成僅僅做了驍騎舍人這樣一個普通的官員。

　　郭德成的妹妹寧妃，當時在宮中深得朱元璋的寵愛，朱元璋因此感到有些過意不去，準備提拔郭德成。

　　一次，朱元璋召見郭德成，說道：「德成啊，你的功勞不小，我讓你做個大官吧。」郭德成連忙推辭說：「感謝皇上對我的厚愛，但是我腦袋瓜不靈，整天不問政事，只知道喝酒，一旦做大官，那不是害了國家又害了自己嗎？」

　　朱元璋見他辭官堅決，內心讚嘆，於是將大量好酒和錢財賞給郭德成，還經常邀請郭德成去皇家後花園喝酒。

　　從某種角度來講，郭德成是一個知道滿足，沒有過多奢欲的人。他能夠有自知之明，正是他後來能忍受一時的委屈、一時的災禍而保全性命的關鍵。伴君如伴虎，君臣相互猜忌，造成了多少歷史悲劇。

　　一次，郭德成興沖沖趕到皇家後花園，陪朱元璋喝酒，眼見花園內景色優美，桌上美酒香味四溢，他忍不住酒性大發，連聲說道「好酒，好酒」，隨即陪朱元璋喝起酒來。

　　杯來盞去，漸漸地，郭德成臉色發紅，醉眼朦朧，但他依然一杯接一杯，喝個不停。眼看時間不早，郭德成爛醉如泥，踉踉蹌蹌走到朱元璋面前，彎下身子，低頭辭謝，結結巴巴地說道：「謝謝皇上賞酒！」朱元璋見他醉態十足，衣冠不整，頭髮紛亂，笑道：「看你頭髮披散，語無倫次，真是個醉鬼瘋漢。」郭德成摸了摸散亂的頭髮，脫口而出：「皇上，

我最恨這亂糟糟的頭髮，要是剃成光頭，那才痛快呢。」朱元璋一聽此話，臉漲得通紅，心想，這小子怎麼敢這樣大膽地侮辱自己。他正要發怒，看見郭德成仍然傻乎乎地說著，便沉默下來，轉而一想：也許是郭德成酒後失言，不妨冷靜觀察，以後再懲治他不遲。想到這裡，朱元璋雖然悶悶不樂，還是高抬貴手，讓郭德成回了家。

郭德成酒醉醒來，一想到自己在皇上面前失言就恐懼萬分，冷汗直流。原來，朱元璋少時在皇覺寺做和尚，最忌諱的就是「光」、「僧」等字眼，郭德成怎麼也想不到，今天這樣糊塗，這樣大膽，竟然戳了皇上的痛處。

郭德成知道朱元璋對這件事不會輕易放過，自己以後難免有殺身之禍。怎麼辦呢？郭德成深深思考著：向皇上解釋，不行，更會增加皇上的嫉恨，不解釋，自己已經鑄成大錯，難道真的為這事賠上身家性命不成。郭德成左右為難，苦苦地為保全自身尋找妙計。

過了幾天，郭德成繼續喝酒，狂放不羈，和過去一樣，只是進寺廟剃光了頭，真的做了和尚，整日身披袈裟，念著佛經。

朱元璋看見郭德成真做了和尚，心中的疑慮、嫉恨全消，還向寧妃讚嘆說：「德成真是個奇男子，原先我以為他討厭頭髮是假，想不到真是個醉鬼和尚。」說完，哈哈大笑。

以後，朱元璋猜忌有功之臣，原先的許多大將們紛紛被他找藉口殺掉了，而郭德成竟保全了性命。這是由於他能夠從眼前的禍事看到以後事態的發展，提前避禍，才不至於招來殺身之禍。而其他的功臣則遠不如郭德成明白要忍對禍福的道理。因禍進廟，因禍保住了性命，誰又能說這不是福呢？

生活中，人們不妨多想想「吃虧是福」的道理，這對你今後的人生會大有裨益。因為，它們是你的跑不掉，不是你的爭不來。

┃懂得低頭，才能少走彎路┃

老子認為「兵強則滅，木強則折」、「強梁者不得其死」。老子這種與世無爭的謀略思想，深刻展現了低調做人的智慧。低調做人，不但能避其鋒芒，脫離困境，而且還可以讓人另闢蹊徑，重新占據主動。

有這樣一副對聯，可以說是道出了低調做人的真諦。上聯是：做雜事兼雜學當雜家雜七雜八尤有趣，下聯是：先爬行後爬坡再爬山爬來爬去終登頂，橫批是：低調做人。

古人云：「木秀於林，風必摧之，堆出於岸，流必湍之，行高於人，眾必非之。」雖然你很優秀，但你不可能獨立地生活在世界上。一個人想要很好地生存，就不可清高自傲，而應虛懷若谷，團結同事，用自己的行動，帶動大家共同發揮能動性和創造性。這樣，你才能在社會上有一席之地。所以說，物競天擇，適者生存，低調做人，才能取得想要的成績。

當然，在一些人的眼中，會認為低調做人是一種精神頹廢，沒有理想，沒有追求的表現，其實並不是這樣。有人曾說：「低調不是精神頹廢，頹廢的人沒有追求和理想，面對生活的不幸缺乏必要的意志來改變自己的命運。而在低調者看來，苦難與不幸只是生命航程中必不可少的風景，人的命運掌握在自己的手中，腳踏實地地追求，必將引渡自己抵達圓滿的彼岸。低調的人也不缺乏自信，只是因為他們對自己有一個清楚的認知，不願為時過早地輕易下結論，不願對事情的發展進行盲目樂觀的估測。」

所以，在現實生活中，一個人不要怕被別人看低，怕的恰恰是人家把你看高了。被人看低了，你可以尋找機會全面地展現自己的才華，讓別人在你的成功中一次又一次地對你刮目相看。可若被人看高了，剛開始人們也許會覺得你很了不起，因而對你寄予了種種厚望，可是你隨後的表現如

讓人一再失望，其結果自然就會被人看不起。所以說，低調做人，不失為自我表現的一種藝術，一種哲學。

富蘭克林年輕時，去一位老前輩的家中做客，昂首挺胸走進一座低矮的小茅屋，一進門，「嘭」的一聲，他的額頭撞在門框上，青腫了一大塊。老前輩笑著出來迎接說：「很痛吧？你知道嗎？這是你今天來拜訪我最大的收穫。一個人要想洞明世事，練達人情，就必須時刻記住低頭。」富蘭克林記住了，也就成功了。

當今社會，與人相處，只要稍有點處理不當，就會招致不少麻煩。輕則工作不愉快，重則影響職業生涯。因此，與人相處，我認為關鍵是要學會低調！

為人過於直率，不知隱忍，熱情衝動往往是幼稚、膚淺所致，你要做到不管是在順境或逆境時，都能以低調的態度對待。

學會低調做人，是處世的一門基本學科，是為人的一種至高境界，是認真生活著和生活過的人的一種很好的體會、總結。「低調做人」被一切真正的成功人士奉為聖經。

一個人要清楚外面是一個非常精彩的世界，但外面又是一個讓人特別無奈的世界。因此每個人都應該這樣：「得意時不要太張揚，失意時不要太悲傷。」因為你在得意時越誇耀自己，別人越迴避你，越在背後談論你的自誇，甚至可能因此而怨恨你。同時，驕傲的人必然嫉妒，他喜歡那些依附他的人或諂媚他的人，他對於那些以德行受人稱讚的人會心懷嫉恨的，結果，他就會失去內心的寧靜，以至於由一個愚人變成一個狂人。

在一般情況下，忍住顯示自己才智的欲望，可以獲得更多才能，保持不自滿的心態同時也可以避免因為炫耀自己的才能，招致他人對自己嫉妒、詆毀、攻擊、陷害。

　　過於顯露自己的才能和智慧，過度地招搖，首先會招致對自己的損害。歷史上的名人、能人、英雄豪傑，都是身懷絕技，但他們也都知道「山外有山，天外有天，能人背後有能人」的道理，所以要想贏得勝利，後發制人，就要保持低調，不輕易地暴露和表現自己的才能。

　　吳國攻打越國，結果越國戰敗，越王勾踐被抓到吳國。吳王為了羞辱越王，因此派他看墓與餵馬這些奴僕才做的工作。越王心裡雖然很不服氣，但仍然極力裝出忠心順從的樣子。吳王出門時，他走在前面牽著馬；吳王生病時，他在床前盡力照顧，吳王看他這樣盡心伺候自己，覺得他對自己非常忠心，最後就允許他返回越國。

　　勾踐回到越國後，立志報仇雪恥。他唯恐眼前的安逸消磨了志氣，在吃飯的地方掛上一個苦膽，每逢吃飯的時候，就先嘗一嘗苦味，還問自己：「你忘了會稽的恥辱嗎？」他還把蓆子撤去，用柴草當作褥子。這就是後來人傳誦的「臥薪嘗膽」。

　　勾踐決定要使越國富強起來，他親自參加耕種，叫他的夫人自己織布，來鼓勵生產。因為越國遭到亡國的災難，人口大大減少，他訂出獎勵生育的制度。他叫文種管理國家大事，叫范蠡訓練人馬，自己虛心聽從別人的意見，救濟貧苦的百姓。全國的老百姓都巴不得多加一把勁，好叫這個受欺壓的國家改變成為強國。

　　越王勾踐整頓內政，努力生產，使國力漸漸強盛起來，他就和范蠡、文種兩個大臣經常商議怎樣討伐吳國的事。西元前 475 年，越王勾踐做好了充分準備，大規模地進攻吳國，吳國接連打了敗仗。越軍把吳都包圍了兩年，夫差被逼得走投無路自殺了。

　　後來勾踐北上中原與諸侯會盟，成為春秋時期最後一個霸主。越王勾踐「臥薪嘗膽」，終於使自己成就了一番偉業！

　　真正聰明的人，不會自以為是，他們為人處世，以謙虛好學為榮。常以自己的無知或不如人而慚愧，能夠得到更多的學習機會，向別人求教，豐富和完善自我是他們的目的。即使自己確有才智，也不會四處去出風頭，不去刻意地炫耀或展示自己，而是克制和忍耐住自己爭強好勝的心理。

　　低調做人，是一種品格，一種姿態，一種風度，一種修養，一種胸襟，一種智慧，一種謀略，是做人的最佳姿態。欲成事者必要寬容於人，進而為人們所容納、所讚賞、所欽佩，這正是人能立世的根基。根基既固，才有枝繁葉茂，碩果累累；倘若根基淺薄，便難免枝衰葉弱，不禁風雨。而低調做人就是在社會上加固立世根基的絕好姿態。低調做人，不僅可以保護自己、融入人群，與人們和諧相處，也可以讓人暗蓄力量、悄然潛行，在真人不露相中成就事業。

　　學會低頭，是處世的一門基本學科，是說話做事的一種至高境界，是認真生活過和生活著的人的一種很好的體會和總結。

第 23 堂課
熱忱 ── 用 100% 的熱情做 1% 的事情

▏選擇你所愛的，愛你所選擇的 ▏

一個人的工作態度決定一個人的工作成就。如果你對工作存在著抱怨、消極和斤斤計較，把工作看成是一種苦役，那麼，你對工作的熱情、忠誠和創造力就無法被最大限度地激發出來，你要在工作中取得卓越的成就就很難。

美國著名社會活動家霍勒斯·格里利（Horace Greeley）曾經說過，只有那些具有極高心智並對自己的工作有真正熱情的工作者，才有可能創造出人類最優秀的成果。

義大利著名悲劇演員薩爾維尼也曾經說：「熱情是最有效的工作方式。如果你能夠讓人們相信，你所說的確實是你自己真實感覺到的，那麼即便你有很多缺點別人也會原諒。最重要的是，要學習、學習、再學習。你一定要努力，否則，再有才華也會一事無成。我自己就是這樣，有時為了徹底掌握一個細小的環節不得不花上數年的時間。」

著名演員加里克的話給熱情一個絕妙注解。一次，當一位事業不太如意的牧師問他，是借助什麼力量才把聽眾牢牢抓住的時候，加里克回答：「你跟我不一樣。你雖然宣講的是永恆的真理，你自己堅信不疑，但給人的感覺好像是你似乎並不怎麼相信自己所說的話。而我呢，雖然我自己知道我說的是一些虛構的、不真實的東西，但我說的時候卻像我從靈魂深處都相信它們一樣。這就是我們之間的區別。」

熱情是一個人所具有的重要素養，熱情的重要性絕不亞於卓越的能力。到處都有聰明但一事無成的人，原因就在於他們雖然有做好工作的天賦，但他們對工作，甚至對整個生活都缺乏足夠的熱情。

有一個曾經被自卑、焦慮的病態心理折磨得幾乎對自己的事業絕望的

人，在經歷了一場心理戰，並嘗試著做出熱心的樣子之後，終於使自己的事業有了起色，並重新獲得了歡樂。他對自己這一段大起大落的生活感慨萬分，他說：「我得到了一個深刻的教訓；我體會到我必須去做一件了不起的事情，就是改造我自己，喚起自己對生活、對每一件與自己相關聯的事情的熱情，學會對每個人、每件事都做出熱心的樣子，並熱心去做每件事，讓熱情貫穿自己的生活，這樣，才不至於讓沮喪、煩惱占據自己的心，也是這種熱情終於讓我重新得到了真正的生活。我也將永遠保持那一份熱情。」

熱情是做任何事情必備的條件。任何人只要具備了這個條件，都能成功。熱情可以讓你的事業飛黃騰達。

瑪麗・簡（Mary Jane）任職於美國西雅圖第一金融擔保公司。在三年的工作中，她贏得了「難不倒」的美譽。她有自己的一套工作準則——今日事，今日畢。她處理每一件事都細緻周到，並保證它們在第一時間高品質地完成。

憑著自己對工作的熱愛和付出的努力，瑪麗・簡晉升為本部門的小組主管。由於她總能認真傾聽同事的想法，了解部下所關心的事情，並領導她的部門出色地完成每一項任務，所以，瑪麗・簡的小組贏得了好評，成為全公司公認的可以委以重任的團隊。

與此相反，三樓有一個營運部門，人數眾多，績效卻不理想。他們與瑪麗・簡的團隊形成了鮮明的對比，因此成為大家批評的焦點。為了能讓公司有一個全面的改觀，老闆決定提升瑪麗・簡為三樓的業務經理。

幾個星期後，瑪麗・簡慎重而又很不情願地接受了提升。雖然公司對她接手三樓寄予厚望，但她卻是硬著頭皮接受了這份工作。工作的開展自然十分艱難，但是，瑪麗・簡迅速調整心態，把心裡的不情願變成了熱

愛，同時，她的這種積極情緒深深地影響了每一位員工，在這種精神的支持和鼓舞下，瑪麗所在的部門迅速改變面貌，並最終成為公司的典範。

「選擇你所愛的，愛你所選擇的。」作為一名員工，瑪麗強迫自己愛上自己選擇和接受的工作，透過自己的努力，為公司做出了巨大的貢獻，也為自己的職業生涯寫下了閃亮的一筆。

許多在大公司裡工作的員工，他們擁有淵博的知識，受過專業的訓練，有一份令人羨慕的工作，拿一份不菲的薪水，但是，他們中的很多人對工作並不熱愛，視工作如緊箍咒，僅僅是為了生存而不得不工作。

事實上，工作有趣與否，很大程度上取決於你的看法。對於工作，我們可以做好，也可以做壞；可以高高興興和驕傲地做，也可以愁眉苦臉和厭惡地做；如何去做，完全取決於我們自己。所以只要你在工作，為何不讓自己充滿活力與熱情呢？

║ 熱情讓你青春永駐 ║

人衰老的特徵之一就是雄心壯志的冷卻。當它在你內心猛烈燃燒的時候，你感覺自己很年輕，充滿了熱情和活力，會竭盡全力地做好每一件事。此時的你就沒有衰老。雖說歲月不饒人，但是只要一個人在憧憬未來，只要你還渴望進步，只要你以精益求精、更上一層樓的決心來做事，你就永遠不會衰老。

熱情就是年輕的生命。只要你熱情不衰，你年輕的生命便會青春長駐。是什麼讓你在少年時就立下了堅定的決心？是什麼讓你為了一個目標而廢寢忘食？又是什麼總在用未來美好的事物召喚著你？答案就是：你心中不熄的熱情。

　　世界上最可憐的人就是那些沒有進取心的人，當一個人對生活失去了興趣，當他失去了生命的精神，當他的心變得冷酷無情的時候，他就真的衰老了。只要他不遠離生活，就不會在精神上衰老。但只要他遠離了年輕的心態，偏離了少年時代的夢想，落後於時代的潮流，停止了進步和對自己的完善，他就真的衰老了。

　　許多偉大人物在他們後半生，仍然擁有年輕人的熱情。馬歇爾・菲爾德（Marshall Field）的思想到了老年也絲毫沒有衰老的跡象。在年老之時，他依然認真而仔細，依然雄心勃勃，依然嚴格要求自己，依然在追求美好的未來。另外，我們都知道，在威廉・尤爾特・格萊斯頓（William Ewart Gladstone）80 歲高齡時其思維仍是那麼敏銳。

　　許多人在退出商界的時候就立下了遺囑。對於許多人來說，從工作上退下來，就意味著從現實生活中退下來，甚至從生命的舞臺上退下來，因為他們覺得無事可做了。他們沒有為自己退休以後的生活做好準備。他們失去了許多由於生意往來而結交的朋友，也改變了原來的生活方式。他們從未注重培養自己對藝術、音樂、讀書的熱愛。以前，他們的整個生活只有工作這一個頻道，而一旦走出來，他們就在這個世界裡迷失了。

　　如果沒有了熱情，生活就會變得毫無意義，人生的目標就漸漸消失了，人就不是在生活了，而僅僅是在生存。熱情之火與崇高的目標都可以催人奮進，使人努力，讓人保持健康，延長自己的壽命。懷有旺盛熱情的人往往能夠享有更長的生命。

‖ 熱情是一種偉大的力量 ‖

哲學家愛默生曾寫道：「沒有熱誠個性，就不能成大事。」熱誠的個性與工作的效益密切相關，或者說成正比關係。

多年前，1983 年度諾貝爾醫學獎得主、遺傳學家芭芭拉·麥克林托克（Barbara McClintock）開始找第一份工作時，有見地的顧問告訴她說：「芭芭拉，做人要熱誠！再豐富的經驗，也比不上熱誠能使你獲得更大成就。」

他說得可真對。熱誠的人能使沉悶的旅程變得刺激，使額外的工作變成發展的機會，使陌生人變成朋友。

芭芭拉·麥克林托克早期的研究結果，經過多年才得到普遍承認。但是她從未放鬆她的實驗。工作對她來說是極大的樂趣，她從未鬆懈。

充滿熱誠個性的人不論年紀多大，都充滿青春活力，就是因為他們始終保持赤子之心。大提琴家帕烏·卡隆爾斯（Pablo Casals）90 歲時，每天早上都會先彈奏一下尼哈的樂曲。樂聲從他的指間飄過時，他會把佝僂的腰背挺直，兩眼再度流露出歡欣神色。

對卡隆爾斯來說，音樂是長生不老的靈丹，使人生變成永無止境的探險。正如作家兼詩人阿曼達·戈爾曼（Amanda Gorman）寫過的話：「歲月令皮膚加添皺紋，失去熱誠個性卻令心靈發皺。」

怎樣去重覓童年時的熱誠？關鍵就在「熱誠」這兩字。英文熱誠一詞源於希臘文，意思是「內在的神」。「內在的神」其實就是一種歷久不渝的愛，也就是適當地愛自己（確認自己），並且將這份愛推及他人。

熱誠者愛他們所做的工作，而不計金錢、地位或權力。有一次，有人問已退休的劇團團長帕翠霞·麥克爾勒斯，她的熱誠是從哪裡來的。她答

道：「我那做律師的父親很久以前告訴我說：『在我不再以金錢為目的工作之前，我連一個銅板也賺不到。』」

堪薩斯州的伊莉莎白·萊頓，68 歲時才開始繪圖。從事藝術消除了她不時發作而至少已折磨了她三十年的精神憂鬱，她的作品還獲得一點陣圖評家讚揚說：「我真忍不住要把萊頓稱為天才。」伊利莎白終於再度找到了生命的熱誠個性。

任何成功的工作都可以稱為熱誠個性的勝利。沒有熱誠個性，不可能成就任何偉業，因為無論多麼艱難的挑戰，熱誠個性都賦予它新的含義。缺乏熱誠個性的人，注定要在平庸中度過一生；而有了熱誠個性，你才能創造奇蹟。

1930 年代，一位猶太傳教士每天早晨，總是按時到一條鄉間土路上散步。無論見到任何人，總是熱情地打一聲招呼：「早安。」

其中，有一個叫米勒的年輕農夫，對傳教士這聲問候，起初反映冷漠，在當時，當地的居民對傳教士和猶太人的態度是很不友好的。然而，年輕人的冷漠，未曾改變傳教士的熱情，每天早上，他仍然給這個一臉冷漠的年輕人道一聲早安。終於有一天，這個年輕人脫下帽子，也向傳教士道一聲：「早安。」

好幾年過去了，納粹黨上臺執政。

這一天，傳教士與村中所有的人，被納粹黨集中起來，送往集中營。在下火車、列隊前行的時候，有一個手拿指揮棒的指揮官，在前面揮動著棒子，叫道：「左，右。」被指向左邊的是死路一條，被指向右邊的則還有生還的機會。

傳教士的名字被這位指揮官點到了，他渾身顫抖，走上前去。當他無望地抬起頭來，眼睛一下子和指揮官的眼睛撞上了。

傳教士習慣的脫口而出：「早安，米勒先生。」

米勒先生雖然沒有過多的表情變化，但仍禁不住還了一句問候：「早安。」聲音低得只有他們兩人才能聽到。最後的結果是：傳教士被指向了右邊 —— 意思是生還者。

熱情溫暖人心，熱情創造幸福，如果每個人都保持一份對他人的熱情，我們生活的世界將真的會變成溫暖的人間。

由此可見，與其說成功是取決於才能，不如說是取決於熱情。在你的行為中加入熱情的因數，因為它是一種極具神奇要素的東西，是助你事業成功的基石，是生命燃燒的火焰。

熱情是戰勝所有困難的強大力量，它使你時刻保持清醒，使你全身所有的神經處於警醒狀態，它能激勵你去做你內心渴望做的事；它能讓你為了實現既定目標而不懈地努力。

熱情是人生一筆無價的財富，熱情可以改變命運。一個人可以沒有金錢，但他不能沒有精神；一個人可以沒有權勢，但他不能沒有生活的熱情。一個人只有有了熱情，才能把額外的工作視作機遇，才能愛上自己的工作。

一個人有了熱情，就能對自己所從事的工作產生濃厚的興趣和愛好；就會變得心胸寬廣，拋棄怨恨和仇視；就會變得輕鬆愉快。當然，還將消除心靈上的一切皺紋，也就沒有了生活的擠壓感。無論是職場的壓力，還是心理的壓力，通通都會消除。

奧格·曼狄諾指出：熱情是世界上最大的財富。它的潛在價值遠遠超過金錢與權勢。熱情摧毀偏見與敵意，摒棄懶惰，掃除障礙。他意識到，熱情是行動的信仰，有了這種信仰，我們就會無往而不勝。不管你要追求什麼，只要能長久保留熱情這個「武器」，都一定能順利得到。

生命和事業都是如此。只要始終抱有熱情，就一定能得到超值的回報。

第 24 堂課
幸福 —— 你幸福了嗎

∥ 走出虛榮的死路 ∥

　　虛榮，顧名思義是指虛假的、表面的榮耀。心理學上認為，虛榮心是一種被扭曲了的自尊心，是自尊心的過度表現。

　　虛榮心強的人，最大的特點就是喜歡與人比較。客觀地講，比也有比的好處：比可以催人奮進，激勵鬥志。俗話說，「獨木難成材」，那些單獨生長的樹木，由於有著充分的生存空間，因而往往生出很多橫丫斜節，成不了良材。那些長得高、大、直的良材，往往都出自成片的叢林。原因就在於叢林中的樹為了得到充分的陽光，都必須比較，都必須一心一意地向上發展。由樹木想到我們人類，比較的心理同樣不可或缺，否則我們就會像叢林裡的灌木那樣，越長不高，就越得不到陽光，甚至漸漸失去生存空間。

　　不過，凡事都有限度。一個人不滿足於現狀，不甘落後，在特定情況下有一定的積極作用不假，但哲人說：「人活著累，一小半源於生存；一大半源於比較。」紛紛擾擾的大千世界，有人比較外表，有人比較金錢，有人比較地位，甚至有人比較配偶和孩子……但比來比去，比較帶給人們的往往是無盡的煩惱和痛苦。所以，我們應該掌握住比較的尺度，否則走進了比較的死路，可就很難掉頭了。

　　一位剛進社會的女孩，家境不是很好，但是她為了追求時髦，不惜借錢購買名牌衣服，還借錢買了項鍊、戒指來炫耀自己。周圍人都很羨慕她說「妳真有錢。」可是她卻說是她爸爸、媽媽買給她的。有一天，朋友們看她的門口堵滿了人，上前一問全是要債的人，朋友們才明白過來是怎麼回事。從此，大家都躲著她。

　　實際上虛榮心很強的人，他的深層心理是心虛，為了追求面子，打腫臉充胖子，內心是很空虛的。表面的虛榮心與內心深處的心虛總是在鬥爭

著。因此有虛榮心的人，至少受到來自兩個方面的心靈折磨，一是達到目的之前，為自己的不盡如人意的現狀所折磨；二是達到目的之後，為唯恐自己的真相露餡的恐懼所折磨。因此他們的心靈總是極其痛苦的，是沒有真正的幸福可言的。

愛面子，自欺欺人，痛苦的只是自己；強顏歡笑，死拚硬撐，會讓彼此都臺下不了臺，也會讓周圍關心自己的人不舒服；只有在自己一個人的時候才能還原真正的自我，「原來心真的是會痛的」……

事實就是如此，面子只是一種表面現象，人不能只為面子而活，更多的是要維護自己的尊嚴。有面子並不一定就有尊嚴，而有了尊嚴，就不會再去在乎面子了。

有一個人，常因感到沒面子而心情不好，便去找一位大師請教。

大師說：「當你再感到沒面子的時候，就往口袋中放顆蛋，但要保護它不被打破而且必須時時隨身攜帶。一個月後再來找我，我自然會告訴你答案。」

這個人按照大師的話去做了，時刻都小心翼翼，生怕把蛋打碎了。可是，放在口袋中的蛋沒過幾天就變質發臭了，散發出極難聞的氣味，別人見了他就躲，連他自己也難以忍受那種氣味了。

一個月之後，再見到大師時，大師說：「其實你口袋中的蛋已然告訴了你答案，你越在意面子越放不下面子，面子就會像這顆蛋一樣變質發臭，最後你自己都難以忍受。」

大師又對他說：「以後，倘若你做了捍衛尊嚴的事，就往口袋裡放一塊金子，一個月後再來見我，我便會告訴你尊嚴和面子究竟有何區別。」

這人也按大師的去做了，但因清貧，即使做了捍衛尊嚴之事，他也沒有往口袋裡放金子。

　　一個月後再見到大師，這人顯得精神很愉快。大師問：「我知道你沒有往口袋裡放金子，但為什麼還這麼愉快？」這人回答：「我感覺做人有了尊嚴就很愉快，至於有沒有金子放口袋裡已經不重要了。」

　　大師笑了：「這就是尊嚴和面子的根本區別。尊嚴是做人的本質，會使心靈像金子一樣閃光；面子只是一種表象，若為面子而虛偽地活著，時間一長，就像發臭的蛋，連自己都厭惡自己。」

　　面子上的事，有時會讓人很累、很辛苦。面子雖然貼在我們臉上，像一層紙，薄薄的，但我們始終難以捅破它，有時我們會感到這一輩子都為面子而活著，有時候我們會感到面子給我們帶來的沉重感覺，問題是我們無法擺脫面子，超然對待面子，也做不到丟棄面子……

　　美麗的人生，快樂的生活，需要你看清面子的利害關係。別讓面子害了你。需要面子時，大可不必把面子丟在一邊，但是如不需要面子的時候，你一定要把面子拋到九霄雲外去。

　　費正清教授說：「面子是一種社會性的東西，個人的尊嚴將從適合的行為及社會讚許中獲得。」所以，放下你的面子，千萬別讓面子成為你的敵人，毀了你的前程。

　　因此，我們要保持自我的真性，不陷於貪欲和比較之中，應該說這是捨棄虛榮心的明智之舉。

　　培根曾說：「一切惡性都圍繞著虛榮心而產生，且都不過是虛榮心的一種表達方式。」這話聽起來似乎有些讓人無法接受，但仔細品味，你會發現，這句話說得並不過度。虛榮是一種虛幻的花環，看似光彩耀人，但它卻能讓人的心靈變質。在五彩的世界裡，我們的心靈要經受各種考驗。個人生存於社會，不僅擔負著實現個人目標的任務，同時也擔負著一定的社會責任。所以，一個人要明確自己的人生目標，要有一種高貴的氣質，

務實於現實的社會生活，遠離虛榮，不要讓浮華的雲朵遮住自己的目光，要善於尋找自己的最佳突破口。

淡泊的心境是一種別樣的幸福

人生在世，誰都會遇到許多不盡如人意的煩惱事，關鍵是你要以一份平和的心態去面對這一切。世界總是凡人的世界，生活更是大眾的生活。我們在平和的心態中尋找一份希望，驅散心中的陰霾，戰勝困難的勇氣和信心就會油然而生，我們的心情就會越過眼前的不快而重新變得輕鬆。從容淡定的心態是一種人生至高的境界，一種對榮譽、金錢、利益的豁達與樂觀。

瑪麗·居禮（Madame Marie Sklodowska Curie）是世界科學史上不朽的人物，這位偉大的女科學家發現了釙和鐳兩種新的化學元素，成為放射性化學和物理的奠基人。她在 8 年的時間裡，連續獲得了諾貝爾物理、化學獎，成為世界上第一個兩度獲得諾貝爾獎的人。瑪麗·居禮能夠有這樣的成就，源於她對名利的漠視，愛因斯坦這樣評價她：「在世界的所有著名人物中，瑪麗·居禮是唯一沒有被盛名寵壞的人。」

1903 年 12 月，瑪麗·居禮因為發現鐳而獲得了諾貝爾物理學獎，震驚了全世界。伴隨著這巨大的聲名而來的是無數的邀請、宴會、採訪等等。瑪麗·居禮被這些無聊的應酬搞得頭昏腦脹，她意識到：生活完全被敬意和榮譽毀壞了。為了躲避人們好奇的目光，她開始深居簡出，家門只對幾個朋友開放，而她和她的丈夫依舊在一間破舊的房子裡做試驗。

一向清貧的瑪麗·居禮，對於諾貝爾獎的巨額獎金也毫不在意，大量獎金被她贈送給大學生、貧困的朋友、實驗室的助手、老師等。出於對科

學事業的熱愛，瑪麗‧居禮一心進行自己的研究，從沒想過要用自己的研究成果謀私利。在鐳提煉成功以後，有人勸她向政府申請專利，壟斷鐳的製造以此發大財。瑪麗‧居禮對此說：「那是違背科學精神的，科學家的研究成果應該公開發表，別人要研發，不應受到任何限制」。「何況鐳是對病人有好處的，我們不應藉此來謀利」。

　　瑪麗‧居禮一生獲得各種獎金 10 次，各種獎章 16 枚，各種名譽頭銜 107 個，但她卻毫不在意。有一天，她的一位朋友來她家做客，忽然看見她的小女兒正在玩英國皇家學會剛剛頒發給她的金質獎章，於是驚訝地說：「夫人呀，得到一枚英國皇家學會的獎章，是極高的榮譽，你怎麼能給孩子玩呢？」瑪麗‧居禮笑了笑說：「我是想讓孩子從小就知道，榮譽就像玩具，只能玩玩而已，絕不能看得太重，否則就將一事無成。」

　　對於大多數人來說，當我們決定要從事一個行業或研究的時候，往往並不是因為看到了這個行業和研究能給我們帶來多少名利，而是完全出自於對這一行業或研究的興趣和熱愛，或者是某種崇高的理想，也只有這樣，我們才能在自己所從事的領域中取得成就。

　　假如從一開始的時候，我們就是懷有求名利的目的去從事某個領域的工作，那麼很難有所成就。首先，名利之心會讓我們在做研究的時候就難以心無旁鶩，總是關心自己的努力究竟有沒有換來應得的名利。如果有的話，我們可能會繼續下去；如果沒有的話，難免會有些沮喪，進而失去動力。其次，追逐名利的心態會促使我們急功近利，難以下苦功夫去做事，這會大大地增加我們失敗的可能性。

　　成就與名利的關係就好像是花莖和花朵的關係，花朵雖然很引人注目，但是卻需要花莖為支撐；花莖雖然看起來很不起眼，但是卻為花朵傳輸養分，沒有花莖的良好生長，就不可能有美麗的花朵存在。如果我們總

是想著求名利，而忽略了成就的重要性，那麼我們的行為跟那個愚蠢的「只要第三層」的富翁就沒有什麼區別了。

‖ 了解自身的弱點 ‖

在人的生命中都存在著六種恐懼：害怕貧窮、害怕責罵、害怕不健康、害怕失去某人的愛、害怕年老和害怕死亡。正是這種生存的本能使人的智慧受到一定的限制，形成了人自身的弱點。只有認識到這種弱點，並且戰勝種種弱點，人才能夠走向成功。

這種恐懼麻痺了一個人的推理能力和想像力，使人不能自立自足，瓦解了活力，扼殺了動機，導致了漫無目標；它鼓勵人再三拖延；令人不能自制；它使得人性格無趣，甚至摧毀人精確思考的能力，分散心力；它打敗恆心毅力，化意志力為一無所有；它扼殺情愛，刺傷心靈上細膩的情感……

自我認識可以揭示一個所不承認的弱點。這種檢查方式，對所有渴望不要平庸潦倒、終其一生的人來說，都是十分必要的。記住，你在逐一檢閱自己的時候，你既是原告，也是被告；你要公正地面對事實：問問自己確切的問題，並要求自己直接作答。驗審終結，你會多了解自己一點。如果你不覺得自己能大公無私地做個法官，為自己檢驗，可以要求某位識你甚深，足以在你反覆詢問自己的時候，扮演法官的人來幫助你。你正在追尋真相，即使事實真相會令你一時尷尬不已，都要不惜代價，得到事實的真相。

如果被問及最怕什麼，大部分人都會說：「我什麼都不怕。」這個答案是不正確的，因為很少人了解到，自己被某種形式所捆綁束縛。恐懼之

情太細微深入，所以每個人終其一生都背著恐懼，而未曾體察它的存在。只有勇於分析，才能讓它無所遁形。開始分析的時候，務必深入探索自己的性格。

　　沒有任何事物能像貧窮這樣，讓人歷受折磨，飽受委曲。只有體驗過貧窮的人，才能完全領會到個中辛酸。

　　如檢視自己是否害怕貧窮，可由如下幾點去判斷。

- **冷漠**：通常表現是缺乏雄心壯志，願意忍受貧窮，毫無異議地接受人生提出的酬勞，身心懶惰，缺乏動機，沒有想像力，缺乏自制。
- **遲疑不決**：習慣於任由別人為自己拿主意。牆頭草，兩面倒。
- **懷疑**：一般表現在外的是存心粉飾太平的藉口託辭，有時會表現出嫉妒成功者的態度，或者非難苛責成功的人。
- **憂慮**：往往表現成挑剔他人的不是，有入不敷出的傾向，經常忽視自己的外觀，皺眉蹙額；沒有節制地飲酒，有時是吸菸無度；緊張，缺乏自覺，而且不能平衡。
- **過度小心**：不分大小事，一律只習慣看黑暗面，只考慮可能失敗的情況，並加以談論，而不集中心力專注在成功的辦法上。知道通往災厄的所有途徑，但是從不力圖制訂迴避失敗的計畫。等著「黃道吉日，良辰吉時」擇期開張，才要將計畫、想法付諸行動，結果等候成習，永無止境。只牢記失敗，卻不記得成功。只看到甜甜圈中心的空洞，卻無視甜甜圈。悲觀消極，導致消化不良、排泄不佳、呼吸不調、性情惡劣、毒害自身。
- **拖延**：昨天早該完成的事，還要留到明天再做的習慣。花太多時間編藉口理由，這些時間已經夠完成工作了。這一切和過度小心息息相關，和憂慮懷疑也互通聲息。可以避免責任的時候，就拒絕接受責

任。可以妥協的時候，就不會堅持到底。碰到困難就退讓，不肯駕馭困難，以之為進步的踏腳石。和人生斤斤計較，而不去謀求富裕豐盈，也不懂知足常樂；計劃著失敗的退路，而沒有破釜沉舟、誓死不回頭的決心。自信貧弱，而且往往完全沒有自信；目標不清，通常根本沒有目標；自制不足，通常是全無自制力或野心抱負微弱，通常是沒有雄心與壯志；動機不足，而且往往完全沒有動機；缺乏明智節儉的理性能力，而且一般情況下，根本沒有能力節儉；期待貧窮，而非要求財富；與接受貧窮者為伍，而不結交尋求財富的人。這種弱點很顯然阻礙著你自己的發展，導致你走向失敗的人生。

你有勇氣反躬自省，你會查出自己問題出在哪裡，並且著手矯治。然後，你就會從經驗中汲取教訓；因為你知道自己錯在哪裡，你要是早些花點時間在分析自己的弱點上，少花點時間找藉口文過飾非，早就已經成功了。

以藉口託辭為失敗開脫，是人們一致的做法。這種習慣跟人類一樣自古長存，卻是成功的致命傷！為什麼人們抓住藉口有如抱著寵物不肯放手？答案很明顯，因為他們創造了藉口，所以他們維護藉口！人類的藉口全是自己想像力的產物。呵護自己頭腦的產物，是人類的天性。

「對我而言，這始終是個謎。」哈伯德說：「為什麼大家花那麼多時間處心積慮捏造藉口、搪塞自己的弱點、欺騙自己？如果時間用到不同的地方去，同樣的時間足以矯治弱點，然後，藉口就派不上用場了。」

因此，要提醒你：「人生是一局棋，你的對手是時間。如果動手前，你猶豫不決，或者沒有刻意立即採取行動，你的棋子會被時間奪去。你碰上了容不得遲疑不決的對手！」

以前，可能有合情合理的藉口，但是現在，那個藉口已經不管用了，因為你已經擁有了打開人生豐饒財富之門的金鑰匙。

認識你自己，就要戰勝自己的弱點，坦然面對現實，你就能夠發揮自己的智慧，取得人生成功。

名言佳句

大禮不辭小讓，細節決定成敗。

能夠把簡單的事情天天做好，就是不簡單；公認非常容易的事情，非常認真地做好它，就是不容易。

把每一件簡單的事做好就是不簡單；把每一件平凡的事做好就是不平凡。

越是沒有任何成就的人，他就越是嫉妒那些有成就的人，而越是嫉妒，他們就越是不可能取得任何成就。

一個人永遠不要靠自己一個人花 100% 的力量，而要靠 100 個人花每個人 1% 的力量。

建立人脈關係就是一個挖井的過程，付出的是一點點汗水，得到的是源源不斷的財富。

愛情把我拽向這邊，而理智卻把我拉向那邊。

孤獨是人的宿命，愛和友誼不能把它根除，但可以將它撫慰。

春天沒有花，人生沒有愛，那還成個什麼世界。

無論是國王還是農夫，家庭和睦是最幸福的。

一個人如果碌碌無為，只為自己渺小的生存而虛度一生，那麼，即使他高壽活到一百歲，又有什麼價值和意義呢？

人生最好的東西總是和最壞的東西連在一起，幸福的極致往往是悲哀。幸福是短暫的，當人們想抓住它時，它已經走遠了。

你希望子女怎樣對待你，你就怎樣對待你的父母。

如果你想改變自己的人生，那麼你就有必要為你的理財負起責任，否則你的一生只會聽從別人的命令。如果你相信貪財是萬惡之源，你將永遠是金錢的奴隸。而如果你相信貧困是萬惡之本，那麼你就有機會成為金錢的主人。

勤儉是幸福之本，浪費是貧困之苗。

把金錢奉為神明，它就會像魔鬼一樣降禍於你。

被克服的困難就是勝利的契機。

偉大的心胸，應該用笑臉來迎接悲慘的厄運，用百倍的勇氣來應付一切的不幸。

世間最美好的東西，莫過於有幾個頭腦和心地都很正直的朋友。

近賢者聰，近愚則聵。

單獨一個人可能滅亡的地方，兩個人在一起可能得救。

由於有所共鳴與傳承，人類才不至於過度地迷失和繞圈子走老路，由於有所區別，人類才會有發展。

同是不滿於現狀，但打破現狀的手段卻不同：一是革新，一是復古。

遇事必須深思熟慮。先考慮可行性，考慮的方面越廣越好。然後再考慮不可行性，也是考慮的方面越廣越好。

知己知彼，百戰不殆；不知彼而知己，一勝一負，不知彼，不知己，每戰必殆。

武力可能是一個解決問題的方法，但一定不是唯一的方法。暴力能夠征服別人的肉體，但永遠征服不了別人的心。只有愛，真的，只有愛的力量，才可以征服整個人類的心靈。

只有肚裡能撐船的人才能做宰相。

道常無為，故無不為。

熱愛是最好的老師，成果是最好的太老師，不得不做是最好的祖師爺。

我要讀世界上最好的書，以古人為友，領會最好的思想。

生命的幸福在身體，身體的強壯在健康。

休息與工作的關係，正如眼瞼與眼睛的關係。

善不是一種學問，而是一種行為。

大智者必謙和，大善者必寬容。唯有小智者才咄咄逼人，小善者才會斤斤計較。

對於一艘盲目航行的船來說，所有的風都是逆風。

人活著是為了什麼？並不是為了穿衣吃飯。穿衣吃飯是為了生活，而生活本身還有崇高的目的。

古今，凡能成就一番偉大的事業，對社會有著突出貢獻的人，無一不是自強不息、腳踏實地、艱苦奮鬥的結果。

人有旦夕禍福，既然生而為人，就得有承受旦夕禍福的精神準備和勇氣。至於在社會上的挫折和失利，便是人生在世尋常的際遇了。由此可見，不習慣失去，至少表明對人生尚欠覺悟。

生活是一種捨棄的藝術，有捨棄才有獲得，善於捨棄生命中的多餘，換來的是心智的清醒，心靈的淨化，健康的體魄。

幸福和快樂是一種相對的感受。如果為失去一件事物而懊悔苦惱，那麼，失去的就不

僅是那件事物，還有心情、時間和健康。

沒有人天生就會說話，臺上的演講大師也不是一下子就能出口成章。罵人的時候很擅長，抱怨的時候也很擅長，這也是口才，只是沒有任何營養罷了，那是沒有價值的口才。

你傾聽得越久，對方就會越接近你。上帝為何給我們兩個耳朵一張嘴？我想，意思就是讓我們多聽少說！

一人主張，不如二人商量。

無論什麼東西也不能建築在虛偽和牛皮的基礎上。

摔倒了趕緊爬起來，不要欣賞你砸的那個坑。

能吃苦方為志士，肯吃虧不是痴人。

難得糊塗是一種經歷，是人屢經世事滄桑之後的成熟和從容，是人生大徹大悟之後的寧靜心態的寫照，只有飽經風霜，經過坎坷的人才能深得人生的真諦。

在人生道路上沒有風平浪靜，一帆風順。當我們處於絕望或困境之中時，要學會低下頭看一看，就能發現別樣的美麗。

熱忱不只是外在的表現，它發自於內心。熱忱來自你對自己正在做的某件工作的真心喜愛。

我們的熱情實際上像火中的鳳凰一樣，當老鳳凰被焚化時，新鳳凰又立刻在灰燼中出生。

熱情，這是鼓滿船帆的風。風有時會把船帆吹斷；但沒有風，帆船就不能航行。

偉大的人不會濫用他們的優點，他們看出他們超過別人的地方，並且意識到這一點，然而絕不會因此就不謙虛。他們的過人之處越多，他們越能意識到他們的不足。

懂人生哪有這麼複雜：

恬淡無為、擺脫枷鎖、享受自由，二十四堂生活哲學課讓你不當金錢奴隸，學會淡泊名利！

作　　　者：安旻廷，李雪

發 行 人：黃振庭

出 版 者：財經錢線文化事業有限公司

發 行 者：財經錢線文化事業有限公司

E-mail：sonbookservice@gmail.com

粉 絲 頁：https://www.facebook.com/
　　　　　sonbookss/

網　　　址：https://sonbook.net/

地　　　址：台北市中正區重慶南路一段六十一號八
　　　　　樓 815 室

Rm. 815, 8F., No.61, Sec. 1, Chongqing S. Rd.,
Zhongzheng Dist., Taipei City 100, Taiwan

電　　　話：(02)2370-3310

傳　　　真：(02)2388-1990

印　　　刷：京峯彩色印刷有限公司（京峰數位）

律師顧問：廣華律師事務所 張珮琦律師

定　　　價：375 元

發行日期：2022 年 11 月第一版

◎本書以 POD 印製

國家圖書館出版品預行編目資料

懂人生哪有這麼複雜：恬淡無為、
擺脫枷鎖、享受自由，二十四堂生
活哲學課讓你不當金錢奴隸，學會
淡泊名利！/ 安旻廷，李雪著 . --
第一版 . -- 臺北市：財經錢線文化
事業有限公司 , 2022.11
　面；　公分
POD 版
ISBN 978-957-680-536-3(平裝)
1.CST: 人生哲學 2.CST: 生活指導
191.9　　111016921

電子書購買

臉書